Cahiers de Jacqueline FLEISCHMANN

Écrits entre 1990 et 1992

Transcrits et édités par les petits-enfants de Jacqueline Fleischmann en 2021

Je vais essayer avec mon cœur et mes souvenirs, tout simplement, d'expliquer mon enfance, mon adolescence et le peu que je connais de nos ancêtres.

Mon Père, né à Odessa, devait être le quatrième ou le cinquième né d'une famille de treize enfants. Arrivés en France vers 1910, venus de leur Russie natale, ils fuyaient l'antisémitisme et les pogroms. Ils vinrent séparément, passant par l'Allemagne où ils séjournèrent je crois quelques temps. De ces treize enfants, les plus jeunes allèrent à l'école et acquirent une culture tout à fait respectable en ce temps. Ils surent aussi conserver leur langue maternelle, le Yiddish que mes grands-parents parlaient mieux que le russe. Mon Père parlait parfaitement ces deux langues et mal le français. Quant à ma grand-Mère, bien qu'ayant vécu environ cinquante ans à Paris, elle parlait à peine le français.

Parmi les enfants qui réussirent le mieux, je citerai mon oncle Gricha qui après maintes expériences, tant au plan travail, social que politique, se fixa à Londres où il devint directeur de banque. Son mariage avec une femme de la haute société n'a certainement pas été étranger à cette réussite. Le plus intelligent de tous les enfants, il parlait couramment cinq langues. Il eut une fille que je n'ai pas connue, elle épousa un musicien et vécut à Miami en Floride, où cet oncle se retira pour sa retraite et où il mourut vers 1960. Ma tante Sophie, plus jeune, que j'ai également connue, vécut également à Londres où elle épousa un couturier. Ils n'eurent pas d'enfants. Veuve durant quelques années, elle laissa à sa mort toute sa fortune (qu'elle se vantait d'avoir gagnée aux courses et qui était assez considérable) à mes cousines Rosette et Hélène. Les autres frères et sœurs parmi les treize enfants vécurent en France. Un oncle que je n'ai pas connu, Serga, était installé bijoutier à Béziers ; il fut déporté pendant la Guerre en tant que juif, peut-être dénoncé (paraît-il) par sa femme qui était catholique. Un autre frère de mon Père était mort au front pendant la guerre 14-18. Puis Anna, la Mère de ma cousine Hélène déportée également en 1942. Enfin en 1944, ayant perdu plusieurs enfants en bas âge il ne restait plus à ma grand-Mère que six enfants vivants.

Encore quelques mots concernant mes grands-parents paternels. Ils étaient pratiquants, surtout mon grand-Père dont je ne me souviens pas (où très peu). Il est mort centenaire à la fin de la guerre, au début 1945, à Bédarieux près de Béziers où ils étaient cachés, ma cousine Rosette, Grand' Mère et lui. Rosette m'a raconté - je le relate ici - qu'à Odessa, ils exploitaient un petit commerce épicerie-thé. Les clients achetaient des friandises et consommaient du thé. Toujours ; Rosette raconte que les treize enfants faisaient l'admiration des voisins qui venaient les regarder dîner dans la cour les soirs d'été. La discipline et la gentillesse faisaient bon ménage. A cette époque, les enfants étaient élevés avec le sens du respect et du devoir qui formaient une nature et duraient toute la vie. ("L'enfance est un héritage qui ne nous quitte plus et laisse une empreinte indélébile" citation). C'était établi. Les aînés des enfants travaillaient, aidaient financièrement leurs Parents. Lorsqu'ils furent tous établis, à Paris et ailleurs, chacun selon sa situation versait mensuellement une somme à ma grand' Mère. Je me souviens, après la guerre, lorsque mon Père n'en avait pas le temps, je portais l'enveloppe à Grand' Mère.

Rosette, dont la Mère était morte d'une pneumonie alors qu'elle n'avait que quelques mois, a été élevée par Grand' Mère et Grand' Père. N'ayant pas fait d'études, elle a commencé à travailler très jeune, elle a habité chez Grand' Mère jusqu'à son mariage tardif, vers l'âge de 40 ans dans les années 50. Pendant la guerre à Béziers et à Bedarieux, c'est elle qui subvenait aux besoins de grand' Père et grand' Mère en étant caissière dans un cinéma. Elle m'a raconté la mort de Grand' Père à cent ans environ (les naissances en Russie vers 1840-50 étaient parfois déclarées avec quelques mois, voire quelques années de retard), après une longue promenade pendant laquelle il s'était perdu, et qui chemin faisant l'avait conduit jusqu'à un village voisin. Après des heures de recherche Rosette l'ayant retrouvé, il est revenu épuisé et s'est endormi pour l'éternité…

Grand' Mère et Rosette sont revenues à Paris au début de l'année 1945 après la mort de Grand' Père. L'appartement, que Rosette habite encore à ce jour, avait été entièrement vidé par les Allemands et était habité par des inconnus. Un procès leur en rendit la jouissance.

C'est à partir de cette époque seulement que j'ai fait vraiment connaissance avec ma Grand' Mère, j'avais déjà seize ans. J'affectais alors vis à vis d'elle une rigidité, une pudeur de sentiments, je n'osais m'exprimer, montrer mon affection qui se développait au fur et à mesure du temps qui passait et que nous faisions connaissance. Mais petit à petit, jusqu'à sa mort, des liens invisibles nous unirent. Dans sa vraie sagesse elle me comprenait. Lorsque Rosette est partie à Bastia, pendant quelques années, je me suis un peu occupée de Grand' Mère. J'aimais aller chez elle les samedis. Nous avions notre façon de nous comprendre. Elle me parlait en Yiddish, je lui répondais en français. L'hiver j'allumais le feu et préparais le thé, quelquefois ma tante Thérèse venait se joindre à nous. Grand' Mère vers cette époque avait environ 90 à 92 ans. Je la revois assise devant la fenêtre donnant sur la cour, lisant sa bible en Hébreu dans la pénombre. J'arrivais, j'allumais la lumière, elle me disait en Yiddish "Merci ma chérie ". Sa silhouette tassée, ses rides, n'empêchaient pas la jeunesse de son regard toujours calme et paisible. Elle s'intéressait toujours aux choses de la vie, me questionnait sur mon travail, mes amis. Dès leur retour à Paris en 1945 et jusqu'au mariage de Rosette en 1950, une habitude s'était établie. Toutes deux venaient dîner à la maison une fois par semaine. Rosette à cette époque n'était pas du tout pratiquante, quant à Grand' Mère je lui préparais toujours le même menu : Sardines en boîte ou œuf dur et pommes de terre en robe des champs. Ce rituel dura quelques années jusqu'au mariage de Rosette.

Mon Père avait dix-huit ans lors de son arrivée en France. Dans son pays, il avait appris la gravure sur métaux précieux. Doué pour le dessin, il gravait très bien. Il fut engagé chez *Bingue et Guise* dont l'atelier se trouvait et se trouve toujours passage Jouffroy près des grands boulevards. Les journées de travail étaient souvent de dix heures et en plus il apportait du travail chez lui pour gagner davantage. Pour économiser le ticket de transport, il rentrait chez ses Parents à pied en banlieue. Il avait gardé un souvenir exemplaire de ses patrons, très stricts, économes à l'extrême sur les fournitures. Concernant le travail, il nous les citait en exemple car les deux associés avaient la légion d'honneur à titre philanthropique.

Je cite cette anecdote : Après la guerre, en 1946 pour mes 18 ans, mon Père m'offrit une chevalière et m'a conseillée pour la gravure des initiales d'aller passage Jouffroy chez ses anciens patrons, demander M. Bingue ou M. Guise. Ce que je fis. Un des deux était décédé, ce fut un vieux monsieur qui, étonné, vint vers moi. Je lui montrai ma chevalière et me présentai. Après plus de trente ans, il se rappelait très bien mon Père et ne tarit pas d'éloges à son sujet. Il se dit très heureux qu'il ne fût pas mort durant les deux guerres ! Il ne voulut absolument pas me faire payer la gravure de ma bague !

1914 : mon Père avait 22 ans. Il s'engagea, volontaire pour la durée de la guerre et fut versé dans la légion étrangère, régiment célèbre à cette époque pour sa discipline impitoyable sa devise "marche ou crève". Son caractère, mais surtout sa force physique lui permirent d'endurer toutes les souffrances. En son genre, il fut un "héros", en tout cas il aimait être considéré comme tel et affichait orgueilleusement ses nombreuses décorations. Il disait que cet étalage était très utile pour prouver qu'il était français. Cette guerre de tranchées avait laissé quelques séquelles, ses souvenirs effrayants lui occasionnèrent des cauchemars jusqu'à son extrême vieillesse. Où le passé s'était enfui de sa mémoire, Verdun, Saint-Mihiel, La Marne étaient toujours là… Certaines nuits de mon enfance à la maison, nous étions réveillées par des hurlements "TOUMIR, TOUMIR". Lorsque Maman ne fut plus là, mon frère ou moi le réveillions. Il sortait toujours de son cauchemar hagard, en sueur. Toumir avait été son compagnon de route et de souffrance. Tué sous ses yeux lors d'un violent bombardement, mon Père s'était jeté sous les rafales d'obus pour le sauver, mais trop tard. Le compagnon de l'enfer fut certainement le meilleur ami de toute son existence. Il nous racontait parfois cette guerre et ses horreurs, les attaques baïonnette au canon où il fallait tuer l'autre pour ne pas l'être soi-même. Ces épreuves avaient façonné son caractère. En apparence dur, sévère mais au fond sensible et je crois, faible. Sa force physique, elle avait été façonnée en Russie où dès l'enfance il fut confronté au rude climat d'Odessa, où il se baignait été comme hiver dans la mer noire, parfois gelée.

Dans ma jeunesse, je ne comprenais pas son orgueil militaire et son patriotisme. Après les évènements 39-44 j'avais alors 16 ans, ce que j'avais déjà vécu me rendait profondément antimilitariste. Je trouvais enfantin, voire ridicule les diplômes et médailles encadrés. Par la suite, je suis devenue plus tolérante, et ce pauvre Papa qui avait attendu toute sa vie la légion d'honneur à titre militaire ! Pour lui, la plus belle décoration manquant à son palmarès.

Je regrette que Mitterrand soit arrivé trop tard à la Présidence car alors j'aurais essayé de présenter sa requête pour qu'il ait cette ultime joie.

Maman était née à CRAÏOVA en Roumanie. Elle avait le même âge que mon Père, tous deux nés en 1892. Ses Parents émigrèrent alors qu'elle n'était âgée que de quelques mois. Comme beaucoup, ils passèrent par l'Allemagne où ils demeurèrent quelques années, suffisamment pour que Maman parle correctement l'allemand. Je pense que nos ancêtres maternels étaient d'origine allemande. Maman alla à l'école en France et passa son certificat d'études certainement vers 1905, ce qui à cette époque, (surtout pour une fille) était déjà un "petit bagage". Pour récompense, elle reçut en cadeau… une machine à coudre ! Savoir coudre était certainement aussi important, si ce n'est plus, que connaître les poésies de Victor Hugo ou les accords des participes passés ! Je n'ai pas connu mes grands-parents maternels si ce n'est par quelques anecdotes que racontait Maman. Ma grand-Mère prénommée Catherine avait paraît-il un sacré caractère (dont j'aurais peut-être hérité). Les jeunes filles pour toutes distractions allaient au bal ou au théâtre. Même à vingt ans ma Mère ne pouvait sortir seule et devait être chaperonnée par un de ses frères.

Maman avait deux frères, le plus âgé Maurice était mort adulte mais encore jeune pendant une épidémie de grippe espagnole laissant une veuve et un enfant, mon cousin Edmond. L'autre, mon Oncle Armand, qu'elle aimait beaucoup et que j'ai bien connu, était installé à Lausanne où il vécut jusqu'à sa mort en 1958. Il avait, en première noce, fait un mariage d'amour en épousant une jeune et jolie femme poétesse et musicienne, tante Berthe ; je ne l'ai pas connue mais j'ai hérité de son prénom (en second heureusement !) Elle est morte jeune d'une maladie que l'on ne savait pas soigner à cette époque. En seconde noce, il fit un mariage de raison et épousa ma Tante Louise, veuve avec un enfant : mon cousin Edmond.

Louise était veuve de Maurice le frère aîné d'Oncle Armand et donc sa belle-sœur. Mon cousin Edmond son neveu devint son beau-fils. Ceci paraît compliqué mais est assez dans la tradition juive. Tante Louise avait une sœur Alice, Mère de Lucienne.

Mon grand-Père maternel était en France contremaître dans une fabrique de boîtes métalliques ; nous en avions à la maison de magnifiques échantillons qui ont disparus lors de la dernière guerre. De mes grands-parents et arrières grand-Parents maternels, il me reste un petit livre de prières écrit en allemand et en hébreu qui se transmet depuis trois générations. A la dernière page de ce petit livre sont inscrites les dates des décès de mon arrière-grand-Mère maternelle, de ma grand-Mère et de ma Mère. J'ai écrit moi-même celle de Maman. Je pense que c'est Myriam qui conservera ce petit livre, mais si elle n'avait de fille, j'aimerais qu'elle le donne un jour à Ariane après y avoir inscrit la date de mon décès. Ce livre a toujours été conservé par une fille. Je dis Myriam, je souhaite que Titou ne se formalise pas mais je la crois moins sensibilisée à cette forme de tradition certes un peu naïve et un peu ridicule. Ce livre de prières est le seul bien, témoignage de notre passé hébraïque.

Mon Père et ma Mère formaient un couple très uni, c'est ce que j'ai pu constater durant la dernière guerre pendant la longue maladie de Maman. J'y reviendrai...

Mes Parents se marièrent en 1920, alors que mon Père n'était pas encore tout à fait rétabli d'une blessure à la jambe dernier "souvenir" ineffaçable d'une dernière bataille en 1918. Il parlait à peine le français et surtout très mal, mais courageux, ayant le sens des affaires, il monta à cette époque une petite entreprise, en association avec son beau-frère, l'activité en était réparation et entretien des radiateurs de voitures. L'industrie automobile était encore aux balbutiements des techniques modernes, la possession d'une voiture était alors un luxe des classes privilégiées. Débutant avec presque rien, l'affaire en deux ans fit une assez belle extension. C'est alors que mon Père se sépara de son beau-frère peu ambitieux et créa seul son entreprise de taxis. Il commença avec deux voitures pour terminer quelque quinze ans plus tard avec soixante-douze taxis et cent-quarante chauffeurs. La difficulté à cette époque consistait à obtenir de la Préfecture, les numéros d'immatriculation permettant la mise en circulation des voitures, mais en tant qu'ancien combattant, décoré plus de quinze fois, l'esprit de l'après guerre étant au nationalisme patriotique, les vainqueurs, les "poilus" courageux étaient favorisés. De plus assez bel homme, il avait paraît-il du succès auprès de la gente féminine et les secrétaires des ministères avaient un certain poids auprès de leur patron. Il obtint la patente nécessaire et progressa très vite. Il possédait deux garages pour les réparations et l'entretien des voitures, pour le parcage aussi.

Nous habitions à côté de l'un d'eux, la vie à la maison était bruyante, remplie d'imprévus jours et nuits. Accidents signalés en pleine nuit, chauffeurs plus ou moins ivres parfois, rentrant leurs voitures. Mon frère Max et moi étions à cette époque en pension mais lorsque je fus plus grande, j'entendis tellement d'anecdotes que j'eus l'impression de les avoir vécues. Cent-quarante chauffeurs, cent-vingt environ étaient russes, russes blancs bien sûr, beaucoup certainement antisémites, mais mon Père n'était pas pour eux un "juif comme les autres". Tous étaient de la haute bourgeoisie, voire même aristocratie russe, et ce petit juif de Père savait ne pas les offenser ni les humilier, souvent il faisait preuve envers eux de bonté, mais aussi de grande fermeté si nécessaire. Ceux qui oubliaient leur exil dans la vodka rentraient complètement ivres et mon Père devait jouer des poings, parfois même du revolver pour récupérer l'argent des compteurs. En pleine nuit éclataient des scènes violentes, mémorables, lorsque des voitures rentraient accidentées avec un "Popoff" complètement ivre. Parfois mon Père le ramenait dans sa pauvre masure chambre de bonne ou petit logement minable. Parmi eux, certains se sont suicidés, leur misère était telle qu'il arrivait à mon Père de payer leur enterrement.

Combien d'histoires racontées par mon Père avons-nous entendues sur ces émigrés d'un autre monde riches, durs et respectés, qui ne s'adaptaient pas à leur nouvelle pauvreté. Tous choisissaient le travail de chauffeur de taxi parce qu'ils étaient libres. Malgré leur instruction et leur connaissance du français (en Russie la noblesse et la bourgeoisie parlaient français) ils ne pouvaient prétendre à aucun autre travail. Dans le quartier c'était un vrai folklore, beaucoup de plaintes pour tapages nocturnes atterrissaient au commissariat. Les allées et venues continuelles des taxis qui roulaient jours et nuits, les "engueulades" en russe arrosées de vodka, avaient conduit à une plainte générale. Un jour mon père très énervé, probablement quelque peu éméché, tira à deux heures du matin quelques coups de revolver vers les fenêtres d'un voisin geignard. Il arrangea l'affaire avec le commissaire de police dont il était l'ami à renfort de grandes invitations dans les bons restaurants et parties de chasse.

Les taxis durèrent jusqu'en 1936 ou 1937. Alors mon Père liquida cette affaire et se lança dans la construction d'un immeuble de quatre étages au rez-de-chaussée duquel il installa un restaurant nouveau style. Repas de midi à prix fixes et peu chers, ce qui n'existait pas encore. Tous les jours la grande salle était comble pendant les deux services. Mais en pleine crise économique je ne sais pas si cette affaire fut rentable. Les trois étages de l'immeuble étaient pratiquement inoccupés. De plus, la construction présentait des défauts. (Dernièrement j'ai revu cet immeuble. Il est sale, squatté et tombe en ruine. Il sera détruit prochainement. Encore un souvenir disparu.) Je ne sais pas comment cette affaire se termina pendant l'année de la guerre 1939-1940. Au retour d'exode on n'en parla plus à la maison. En tout cas à partir de cette époque les grandes difficultés commencèrent.

Enfin, je vais parler de mon enfance puis de mon adolescence, ce qui va m'obliger à ne parler pratiquement que de moi, mais comment faire autrement lorsque l'on se penche sur son passé ?

Au plus loin dans mes souvenirs, tout commence lorsque haute comme trois pommes j'essayais en vain d'attraper, juchée sur la pointe des pieds, en allongeant désespérément le bras, les choses posées sur la table. Je me souviens de mes efforts lorsque Maman raccompagnait ses amies jusqu'à la porte, pour atteindre les verres dans lesquels restait un fond de malaga, afin de pouvoir les lécher. C'était défendu mais délicieux.

A cette époque où je devais avoir quatre ans, je souffrais déjà beaucoup du manque de tendresse dont Maman, certainement inconsciemment, faisait preuve vis à vis de moi. Lorsqu'elle chantait une petite comptine en faisant sauter mon frère sur un tabouret, la chanson se terminait toujours par un gros baiser sonore. J'attendais, patiente et curieuse, mon tour ne venait jamais. Mais j'adorais mon frère de quinze mois plus âgé que moi. Il était adorable, gentil et affectueux. Se sachant, instinctivement, le préféré, il n'abusait jamais de ce privilège.

Notre première pension à Buc, près de Paris où nous restâmes quelques mois pendant l'opération de Maman (opération du sein), est le premier souvenir douloureux de ma vie. J'avais cinq ans, je ne comprenais pas la séparation. Ce fut un arrachement. Je quittais le cocon familial ; même sans tendresse, la famille est sécurisante. De cette pension j'ai peu de souvenirs, j'ai beaucoup pleuré, puis je me suis calmée. Heureusement mon frère Max avait un caractère pacifique, optimiste et bon enfant. Il paraissait toujours content. Toujours présent pour me consoler, je me raccrochais à lui. Toute mon enfance je me suis raccrochée à lui. Il était ma sécurité. Je l'adorais. De cette pension j'ai peu de souvenirs, si ce n'est un grand parc. Nous y faisions la sieste obligatoire couchés sur des couvertures posées sur l'herbe. J'avais peur de toutes les petites bêtes qui folâtraient sur le gazon. C'était une pension confortable, nous avions une chambre pour nous deux, les meubles étaient conçus pour les enfants.

Nous revînmes à la maison et j'appris à lire et à écrire en même temps que mon frère, ce qui au départ me donnait une année d'avance sur ma scolarité. Madame Bernard demeurait près de chez nous. Elle était décorée des palmes académiques ! Sans âge, elle traînait avec elle une odeur à la fois suave et aigre, nous vouvoyait et nous appelait toujours "mon chéri" ou "ma chérie". Elle venait à domicile et après la leçon prenait le thé avec Maman. L'année suivante, j'avais six ans, nous sommes allés à l'école, nous savions lire et écrire.

Ma première année d'école à Levallois, tout au bout de la rue Danton, me laisse un souvenir nostalgique. J'aimais la classe sombre où on allumait l'électricité les jours d'hiver, je travaillais bien dans cette ambiance feutrée. Bonne élève j'attendais impatiemment le samedi, pour la distribution des récompenses : croix pour les meilleures élèves, images pour les autres. La croix nous la portions toute la semaine sur le tablier et la croix d'honneur était magnifique (presque une légion d'honneur…). Il m'est arrivé de l'avoir quelquefois. Nous sortions à 18h30 en rangs deux par deux, par ordre de classement, j'étais tellement fière devant tous les Parents lorsque j'étais au premier rang !

Nous, nos Parents ne nous attendaient pas, nous rentrions seuls à la maison. Nous nous attendions mutuellement, l'école des garçons étant séparée de celle des filles ; la maison était loin, nous flânions. Parfois mon Père, ayant son entreprise de taxis, envoyait voiture et chauffeur nous chercher.

Max n'aimait pas l'école, trouvait souvent des excuses au moment des devoirs, pour s'éclipser et jouer. C'était un rêveur. Par une chaude journée d'été, il est parti sans m'attendre, je suis restée très longtemps devant la porte fermée de l'école. Toutes les classes étaient sorties. Je pleurais à chaudes larmes. Il faisait très chaud et j'attendais en plein soleil. Je n'osais pas rentrer seule sans tenir la main de mon frère. Max arriva seul à la maison, il m'avait oubliée, et Maman inquiète envoya un chauffeur me chercher.

Mon frère Maurice de sept ans plus âgé que moi apprenait le piano. Max et moi durant quelques mois avons également étudié le solfège et fait quelques gammes. Mlle Hotchiller, notre professeur, était un échantillon de vieille fille maigre et mal fagotée, je lui trouvais l'air d'une sorcière avec ses dents jaunies, proéminentes qui découvraient son sourire aigre. Maurice lui menait la vie dure, Max comme toujours "bonne pâte" était indifférent, quant à moi je ne l'aimais pas du tout. Mais le piano fut vite abandonné par notre départ à Chambray. Cependant j'ai souvent regretté, adulte, me souvenant de mon enfance tourmentée de ne pas savoir jouer d'instrument.

Durant ma petite enfance et même par la suite, je n'ai jamais entendu parler religion à la maison. Je savais mon Père d'origine russe, Maman d'origine roumaine, Mais juifs ? Inconnus ! Le Yiddish qu'ils parlaient entre eux lors de conversations que nous ne devions pas comprendre, me paraissait évident. Nous étions en dehors de tout, nous les enfants, les petits c'est-à-dire Max et moi.

Jusqu'à six ans environ, j'ai le souvenir de cette époque, de réceptions dont Max et moi étions exclus. Les fêtes de fin d'année apportaient les cadeaux et un bel arbre de Noël décoré trônait dans la salle à manger. Le 24 décembre nous étions, Max et moi couchés tôt. La famille, tantes, oncles, grands cousins et cousines passaient une partie de la nuit en bombance et amusement. Un jour je me levai furtivement pour épier ces adultes bruyants, c'est ainsi que je surpris la préparation des cadeaux autour de l'arbre de Noël. Je ne fus pas déçue je ne croyais plus au Père Noël, pas davantage aux contes de fées. A cinq ans, je devais être déjà très réaliste ? Je ne croyais qu'à ce que je voyais, ce qui est vraisemblable. J'avais probablement peu d'imagination pour croire au merveilleux dans le royaume des songes. Par la suite, contrairement aux autres enfants, lorsque Max et moi vécûmes chez des étrangers, avec l'espérance et les désirs de tendresse et d'affection que je ne connaissais pas, mon esprit et mon cœur vagabondaient dans l'imaginaire affectif.

Deux Suissesses allemandes Alice et sa sœur étaient employées à la maison depuis ma naissance. Le souvenir très flou que j'ai gardé d'Alice qui s'occupait de mon frère et de moi est un souvenir affectueux et tendre. Dans ma petite enfance, je reçus d'elle plus de câlins que de Maman que pourtant j'adorais. Maman que je connaissais si peu et j'avais si fort envie de me blottir dans ses bras, de toucher son visage, ses bras mais je n'osais pas. Une telle distance existait entre Parents et enfants, surtout entre Elle et moi. Max plus spontané, plus expressif, plus drôle dans ses petites réflexions enfantines était forcément le "chouchou".

Maman était gaie, chantait merveilleusement les airs d'opérettes, la tyrolienne. Mon frère Maurice avait hérité de ce don, aussi celui d'apprendre facilement les langues étrangères.

Lorsque j'eus sept ans, une longue séparation avec le milieu familial commença pour Max et moi. Mon frère Maurice de sept ans plus âgé que moi connut les meilleurs lycées et collèges et durant les années fastueuses fut gâté comme peut l'être en général, l'aîné garçon dans une famille juive même non traditionaliste à cette époque. Il sut profiter, mais non en bien, de ces faveurs car trop gâté, trop admiré, il se permettait maintes fredaines toujours pardonnées et dont la famille parlait comme d'exploits.

En internat à Saint-Germain, simuler une crise d'appendicite, par exemple, pour rentrer à la maison quelques jours. Mes Parents trouvaient cela très drôle. Plus tard, jeter un encrier à la tête d'un professeur qui certes n'aurait pas dû le traiter de "tête carrée" (cela voulait dire ressembler à un "boche" avant guerre ce n'était pas flatteur). A ce professeur, il répondit "j'ai peut-être un tête carrée mais vous avez une tête de con !" Evidemment, il fut renvoyé. Ceci se passait au lycée Pasteur à Neuilly. Ses études se terminèrent donc au cours complémentaire à Levallois jusqu'au brevet. Lorsque je fus en âge j'allai moi-même dans cette école où certains professeurs avaient gardé un souvenir pas toujours agréable de mon illustre frère. Maman allait souvent voir le directeur M. C. avec qui elle avait des rapports de sympathie, fort heureusement. Lorsqu'il croisait mon frère à l'intérieur de l'école, il lui disait pompeusement "je vous prie de transmettre mes hommages à Madame votre Mère". Maman aimait raconter cette anecdote.

Maurice vers l'âge de treize ans fut très malade. En vacances à Cabourg où mes Parents louaient une maison pour les trois mois d'été, il contracta une fièvre typhoïde qui lui laissa certainement des séquelles importantes, il fut presque toujours fatigué, sinon malade. Sa paresse était pardonnable. De plus, il avait pour satisfaire ce penchant un Père admiratif et faible. Grand cardiaque, il est mort à 47 ans. Cette mort, si jeune, m'a certes un peu peinée mais surtout choquée. Nous n'avions pas été élevés ensemble, nous n'avions rien de commun ni par l'esprit, ni par le caractère. Au fond nous nous connaissions très mal, et comme souvent les regrets sont post-mortem. J'ai regretté.

Pour en revenir à notre éducation, Maurice fut mis interne au collège de Saint-Germain très huppé et très coûteux avant guerre. Les élèves jouaient au tennis, au golf, sports très onéreux à cette époque et réservés aux "gosses de riches".

Pour Max et moi ce fut le placement dans une famille ouvrière de l'Eure, un petit village certainement charmant : Chambray. Des gens simples, pas méchants, indifférents. Pour eux notre présence leur apportait un supplément financier c'est tout. Nous avons connu la vie rude, campagnarde des années 36-37. A deux heures de Paris, c'était par rapport à la vie que menaient nos Parents cinquante ans de différence de civilisation.

Après la première pension à Buc à l'âge de cinq ans, mais qui ne dura que quelques mois, ce fut le deuxième déchirement affectif. J'avais sept ans, j'étais timide et renfermée. A notre arrivée à Chambray, je pleurais durant deux jours, toute la journée assise sur le banc devant la maison. On me laissa tranquille, petit à petit mon chagrin s'atténua. Max toujours gentil me consolait mais ne comprenait pas. Enfin la grande douleur au cœur disparut et je me sentis presque bien. Mais quel changement avec notre vie parisienne si confortable. Je me cramponnais toujours à mon frère et durant ces deux années qui allaient venir, son affection pour moi remplaça l'amour maternel qui me manquait tant. Il consolait mes chagrins et voulait me faire rire. Il adorait faire le pitre.

La maison très rustique était composée de deux pièces sans aucun confort. La cuisine, avec au fond une alcôve où était installé un lit pour la grand-Mère, très vieille femme dont je n'ai gardé aucun souvenir sympathique. Je la fuyais, son visage sillonné de rides profondes me semblait sale, je lui trouvais l'air méchant, elle ne l'était probablement pas, peut-être avait-elle tout simplement la tristesse des gens très âgés devant la mort ? Dans cette cuisine pas d'eau courante, il fallait la tirer d'une pompe accotée au mur extérieur. La cuisinière à charbon et à bois était le principal pôle d'attraction surtout en hiver, même en été puisqu'elle servait aussi à préparer les repas. La deuxième pièce servait de "dortoir". Nous y couchions à six : le Père et la Mère Lalonde que nous appelions respectivement Papa Louis et Maman Titine, leurs deux petits-fils Jacques âgé d'une douzaine d'années, Pierre sept ans, Max huit ans et demi et moi-même sept ans.

Les enfants ont, heureusement, une assez grande facilité d'adaptation. Je m'adaptais donc à la vie rustique sans confort. J'avais quitté la maison douillette, bien chauffée en hiver, bain tous les soirs, linge propre tous les matins. Nous nous retrouvions, Max et moi au milieu d'une famille simple complètement ancrée dans la vie paysanne avec ce qu'elle comptait alors d'inconfort, mais aussi de tranquillité et de calme.

Chambray dans l'Eure : petit village, petit bourg. Nous habitions au centre. D'un côté de la maison au bout de la grande cour, un petit chemin où passait de temps en temps une carriole attelée. De l'autre côté, longeant le potager, tout au bout un petit chemin, plutôt un sentier bordé d'un muret auquel était accotée la cabane en bois dont les panneaux de côté étaient percés d'un cœur pour donner de la lumière. Cabane classique, lieu de recueillement, les WC ! Pour accéder à cette cabane, nous devions traverser la grande cour, aussi je m'y rendais le moins souvent possible en hiver. La nuit donnant cours à mon imagination rocambolesque, j'avais peur. Max parfois m'accompagnait, m'attendait patiemment. Il me semblait toujours entendre des pas dans le petit chemin, je croyais que quelqu'un regardait au travers des petits cœurs des cloisons. Je retenais donc mes envies au maximum et je pense que c'est ainsi que se développe chez l'enfant un dysfonctionnement intestinal que l'on peut traîner toute sa vie !... Également de l'autre côté de la cour, plus à gauche, la buanderie-débarras. La lessive s'y faisait en hiver, environ une fois par mois (en été dans la cour). Là se trouvait également la réserve des pommes ramassées en automne puis disposées sur des claies en bois, des légumes, essentiellement des pommes de terre.

Nous mangions les produits du potager et du verger, pratiquement pas de viande, en tout cas jamais de viande rouge. Les menus étaient établis pour chaque jour de la semaine et se répétaient sans changement (ou presque) toute l'année. Nous aimions ou nous n'aimions pas, il fallait tout avaler, heureusement la petite chienne souvent à mes pieds, avalait furtivement tout ce que je lui donnais. Le petit déjeuner du matin se composait de lait et de pain que nous trempions, le beurre était le luxe du dimanche. Nous, les enfants, étions privilégiés, les adultes mangeaient de la soupe. Nous avions cette même soupe le soir, même bonne la soupe n'est pas le régal des enfants. Des pommes de terre cuites au four de la cuisinière avec du bon fromage blanc crémeux que nous allions chercher à la ferme, ou un œuf à la coque ramassé directement dans le poulailler complétaient le repas. Nous mangions sainement en fonction des saisons.

L'été nous faisions bombance avec les légumes frais du jardin, et les fruits. Nous ramassions les fraises odorantes mûres à point, arrosées de crème fraîche un délice ! A cette saison, la maison de mes Parents me manquait moins. Nous étions toujours dehors à courir les chemins et les bois. Les vacances scolaires étaient longues. Du 14 juillet au 1er octobre. Je jouais toujours avec les garçons, j'aurais aimé avoir une amie, une fille gentille à qui parler de mes petits secrets d'enfant. A l'école, les filles de la campagne ne m'aimaient pas, moi je ne comprenais pas, tout au moins au début, leur patois et leurs ricanements. Durant ces deux années à Chambray je ne me souviens pas avoir eu de camarade fille.

A l'école, j'étais en admiration devant le fils du receveur des postes. Toute petite poste avec un receveur et un facteur pour ce petit village d'environ trois à quatre cents habitants. Je ne me souviens plus de son prénom que je trouvais très chic. Plus âgé que moi, il était dans l'année du certificat d'études, en classe dans la première rangée, devant le bureau de la maîtresse, quant à moi qui devais être à cette époque au CE2 je me trouvais dans la troisième rangée. Je l'admirais donc de dos ! Fils unique d'un "notable" il travaillait bien et apprenait le violon. Petit, assez trapu, il courait vite pendant les récréations. Sa blouse grise le différenciait des autres, nous portions tous des tabliers noirs, bordés d'un liseré rouge ou vert. Nous jouions beaucoup au jeu de barres jeu de garçons assez brutal, à l'époque filles et garçons formaient deux groupes totalement séparés ; mais je vivais avec trois garçons, leurs esprits, leurs caractères déteignaient sur moi. Cependant j'étais rarement tolérée parmi eux.

Le jeu de barres consistait à former deux groupes opposés qui s'affrontaient. Il fallait empêcher l'attaquant d'un groupe de passer dans l'autre groupe. De temps en temps, lorsqu'il manquait un garçon d'un côté, j'étais acceptée. Je me défoulais auprès de mon frère. J'aurais beaucoup aimé jouer aux billes, mais là je n'étais jamais acceptée. Les filles ne jouaient pas avec les garçons… aux jeux de garçons !

J'aimais l'école et je ressentais beaucoup de satisfaction en récompense de mes efforts. Il faut avouer que la concurrence était pratiquement nulle, les enfants, tous fils et filles de paysans parlaient patois, et bien mal le français. Après deux années de cette vie campagnarde, je parlais de la même façon, mais je savais faire la différence si besoin était. Beaucoup d'enfants habitaient à plusieurs kilomètres de l'école. Ils venaient à pied portant leur cartable et leur petit panier contenant leur repas. L'hiver lorsque les chemins étaient enneigés, presque impraticables, ou l'été lorsqu'ils devaient un peu aider aux travaux des champs, ils ne venaient pas. L'absentéisme était excusé et toléré. J'aimais leurs sabots de bois peints à la main, représentant des paysages enneigés, des chaumières aux fumantes cheminées ou des jardins fleuris. Ces sabots étaient déposés devant la porte de la classe, les enfants gardaient seulement les chaussons de laine tricotés par les Mamans pendant les longues soirées d'hiver. J'en réclamais à Maman qui m'en acheta lors d'une de ses rares visites. Ils étaient très confortables.

Les deux hivers passés à Chambray furent très rigoureux, la neige restait longtemps, durcie par le gel, elle recouvrait les chemins, les toits, les arbres et lorsqu'il faisait un beau froid sec, nous autres, enfants, aimions comme tous les enfants du monde les grandes batailles de boules de neige.

Avec facilité j'obtenais tous les premiers prix y compris le prix d'excellence. C'était d'ailleurs les seuls livres que je pouvais lire (avec le journal, auquel je ne comprenais rien) quand par hasard j'en trouvais un.

L'été c'étaient les repas du soir pris dans la cour autour d'une grande table en bois garnie de bancs de chaque côté. Le grand amusement était le dressage des lapins qui vivaient en liberté. La sortie de leur terrier arrivait dans la cour. A leur naissance, le "Papa Louis" leur incisait le bout de l'oreille, chacun d'une façon différente afin de pouvoir les reconnaître au bon moment, pour finir en civet dans la cocotte... Nous leur donnions des noms, les lapins s'apprivoisaient bien, ils gambadaient autour de la table pendant que nous mangions. Comme des chiens, ils se dressaient sur leurs pattes arrière, c'était très amusant. Trois ou quatre fois par ans il fallait en attraper un pour le manger mais "Papa Louis" savait exactement trouver le bon grâce à la cicatrice de l'oreille qui indiquait l'âge de la portée. Mais le trouver n'était pas facile car l'instinct peut-être le faisait se cacher dans son terrier. Aussi fallait-il être patient. J'aimais ces lapins et pourtant comme tout le monde je me régalais du bon civet !

Juillet et août voyaient venir les fêtes villageoises. Quelles autres distractions pouvait-il y avoir dans ce petit village de trois cents habitants qui à environ deux cents kms de Paris me semblait être au bout du monde.

En février la distribution des prix honorée par la présence du Maire, de l'épicier, du boulanger etc. les futurs électeurs probablement. Elle se préparait plusieurs jours à l'avance. Dans la cour de l'école une estrade était installée, les notables s'y installeraient le jour venu. Devant, assis sur les bancs, les élèves, au total une quarantaine, de six à quatorze ans avec leurs familles. Il y avait plusieurs prix par matière ce qui faisait beaucoup de livres. C'étaient mon jour de gloire, secret, car j'étais trop timide pour manifester ma joie. Et puis Max ne récoltait que le prix de bonne camaraderie, j'aurais tant désiré qu'il soit meilleur élève et être fière de lui. Il était un peu paresseux, aussi handicapé par une légère surdité, qui heureusement s'est améliorée au fil des années. A part le Maire, nul ne me félicitait, seul Max, comme toujours était content puisque j'étais contente, cela nous suffisait.

Puis venait le 14 juillet avec ses pétarades, feux d'artifices et bal populaire sur la place du village. Nous regardions les grands et tout ce bruit, ces lumières installées dans les arbres, nous plaisaient infiniment. Au milieu des grandes vacances arrivait le 15 août. Tous endimanchés se rendaient à la messe même "Papa Louis" et "Maman Titine" qui se flattaient d'être athées, ayant un fils communiste qui habitait Paris et militait activement. Lorsqu'il venait de temps en temps à Chambray, il nous apprenait "l'internationale" qui me plaisait beaucoup et à laquelle je ne comprenais rien ! J'aimais aller à l'église pour y recevoir le morceau de pain béni distribué par les "enfants de Marie". C'était de la très bonne brioche. (Ce n'est pas avec du vinaigre qu'on attrape les mouches !...) Le soir pour nous tard dans la nuit, commençait la retraite des flambeaux. Tous nous étions très excités. Au bout d'une longue perche nous portions un lampion, il y en avait de toutes les couleurs. Nous chantions, je ne sais plus quoi, probablement des cantiques mais cela me plaisait et je trouvais l'ensemble féerique et très beau. Enfin nous nous couchions tard et nous étions contents. J'ai écrit "contents" mais non "heureux". Pour moi, en tout cas, la différence existait. Je n'ai connu que de très rares moments de vrai bonheur dans mon enfance, j'en parlerai plus tard.

En été également s'installait dans un grand champ, près d'un bois, au bout du village, une fête foraine avec ses attractions, ses jeux, ses toboggans. J'adorais les toboggans, malheureusement tout était payant et nous ne possédions pas le plus petit centime. Alors nous faisions les jeux, les gagnants touchaient quelques sous ou des tickets de manège. La course en sacs, le remplissage de la bouteille avec le verre d'eau, grimper au mât de cocagne et là-haut décrocher quelque surprise. Nous arrivions toujours avec persévérance à gagner quelque chose et alors en avant pour les battements de cœur ! … Se laisser descendre sur un traîneau à toute vitesse pendant quelques secondes, quel vertige ! Cette fête devait durer une quinzaine de jours, nous y passions nos journées, à regarder, à rôder sans nous offrir beaucoup de fantaisie.

Les bons, les mauvais souvenirs se précipitent dans ma mémoire, il est parfois difficile de les organiser dans ma tête. Les jeux que nous organisions les soirs d'été après dîner, dans la grande cour, sans vélo, sans patins à roulettes, sans rien… nous étions inventifs. Nous courions beaucoup, organisions des courses où je me trouvais toujours la dernière étant la plus petite. Toujours les soirs d'été le "Papa Louis" nous expliquait le nom des étoiles, des constellations. Nous connaissions des ciels étoilés magnifiques, des clairs de lune que je n'ai retrouvés qu'en Corse quelque quinze ans plus tard. Je dois aussi à "Papa Louis" cet enchantement que je ressens encore aujourd'hui pendant les orages. J'aime toujours les orages, les éclairs, le tonnerre et la pluie déferlante. "Papa Louis" porte grande ouverte nous faisait admirer le déluge.

Courir dans les bois, grimper aux arbres, fabriquer des cabanes avec du bois mort, sauter des petits ponts et atterrir au-dessus d'une haie d'orties près d'un ravissant petit lavoir au bord de la rivière. Voilà des jeux où la compétition était toujours présente. Puis un jour je suis tombée dans les orties aïe ! Quelles brûlures !

Point de vue éducation, nous étions de vrais petits sauvages. Nous gambadions sur les chemins bordés de noisetiers et de fourrés remplis de mûres. Dame nature satisfaisait notre gourmandise. Nous rentrions débraillés et très sales.

Parlons de la toilette. J'ai décrit la buanderie de l'autre côté de la cour, c'est là aussi qu'environ une fois par mois en hiver nous faisions notre "lessive corporelle". Un grand baquet servait de baignoire, une casserole pour la douche de rinçage. Les cheveux étaient très rarement shampouinés. En plein été, le baquet rempli d'eau froide était sorti dans la cour et l'eau toute la journée chauffait sous le soleil ardent. En fin d'après-midi, l'un après l'autre nous passions à la lessiveuse ! Il fallait commencer par le moins sale, Maman Titine veillait à cela (ce n'était pas toujours moi). Inutile de préciser la couleur de l'eau lorsque nous avions été savonnés tous les quatre, mais nous nous étions bien amusés. Les autres jours, été comme hiver, la toilette se faisait à la pompe dans la cour. L'eau courante n'existait pas dans la maison. L'été nous lavions les mains jusqu'aux poignets, les dents et le bout du nez. L'hiver nous faisions semblant car l'eau était glacée. Pour ces modestes ablutions l'un pompait pour faire sortir l'eau, l'autre se lavait.

Ce manque d'hygiène ne nous empêchait pas d'être en bonne santé. Je ne me souviens pas que nous ayons été malades durant ces deux années. J'ai eu les oreillons mais ce n'était pas dû au genre de vie que nous avions. Cette maladie enfantine fut prise avec beaucoup de philosophie par toute la famille qui ne la considérait pas sérieusement. Cependant je souffrais, le docteur ne fut pas dérangé pour si peu ! D'ailleurs durant toutes mes années d'enfance à la campagne je n'ai jamais connu de médecin. Donc "Maman Titine" me fit un joli bandage autour de la tête et des oreilles qui me fit ressembler à un œuf, elle me "gava" de bonbons au miel que je suçais lentement à longueur de journée. Je restais assise devant l'unique fenêtre donnant sur la cour, dolente parce que fiévreuse, et je restais ainsi pendant des heures à rêvasser mon assiette de bonbons posée à terre à côté de moi. Max venait me voir à distance à cause de la contagion. Il compatissait et était un peu triste de me voir malade. Il était si gentil, le gentil frère de mon enfance.

Je n'ai pas expliqué pourquoi nous étions pensionnaires dans cette famille. Nos Parents travaillaient beaucoup et leurs affaires alors prospères les occupaient énormément. Ils avaient ainsi choisi la facilité. Mais pour mon frère Maurice, l'aîné donc le "petit prince" tout fut différent. Interne au collège de Saint-Germain alors de très bonne renommée et très onéreux, son éducation fut différente de la nôtre. Mais cette éducation bourgeoise et assez stricte ne lui plaisait pas, ainsi il se permettait mille fantaisies toujours pardonnées par des Parents admiratifs. Ses fugues étaient racontées à la maison comme des exploits audacieux et tout le monde en riait. Mais le résultat de cette éducation n'en fit pas un adulte très responsable. Cette trop grande tolérance ne lui fut pas bénéfique.

Durant ces deux années dans l'Eure, je suis revenue deux ou trois fois pour un bref séjour à la maison. Une fois pour un examen des yeux, j'avais compris qu'en jouant un peu la comédie je pourrai revenir. Une autre fois, vers 8 ans ½ - 9 ans, pour l'opération des végétations et des amygdales (je ronflais tellement la nuit que je gênais tout le monde dans la grande chambre dortoir). Je ne me souviens pas que nous soyons revenus ensemble, Max et moi, durant cette période.

Maman m'attendait à la descente de l'autocar Porte Maillot, nous revenions à pied à la maison près de la Porte Champerret. A cette époque était installée (à l'emplacement actuel du complexe hôtelier *Lafayette*) un grand parc d'attractions : *Luna Parc*. C'était l'hiver, j'arrivais à la tombée de la nuit, j'étais éblouie, émerveillée par toutes ces lumières, par la musique, par la grande roue mais surtout impressionnée par les deux personnages, à l'entrée de chaque côté, vêtus de costumes de chasse, galons dorés, bombes sur la tête, bottés, ils jouaient du cor de chasse. Je rêvais d'entrer un jour dans ce lieu magique. Je n'y suis jamais allée. Luna Parc fut démoli pendant, ou tout de suite après la guerre. A l'époque fut construit en ce lieu un bâtiment provisoire qui servit de ministère à la construction je crois. Bien des années plus tard, le quartier devint celui que l'on connaît actuellement. Ma grande joie ! Le retour à la maison, bien qu'il ait été lié à un problème de santé. Je ne restais que le temps minimum nécessaire, pour moi toujours si court. Puis retour à Chambray, Porte Maillot, dans l'autre sens. Maman me confiait au chauffeur du car lui indiquant où je devais descendre. Je me souviens que lors d'un retour, (avec Max cette fois cependant) nous nous sommes endormis, le chauffeur nous ayant oubliés nous sommes allés jusqu'au terminus quelle aventure !...

Notre passage à Chambray où nous avons vécu ces deux années d'enfance fut empreint d'une très grande liberté, c'est le bon souvenir que j'en garde. Le manque total d'affection (à part celle de mon frère) me peinait affreusement. Ce manque a duré toute mon enfance puis mon adolescence. Je n'ai pas connu les câlins, les consolations dans les bras maternels, j'ai beaucoup pleuré seule, en cachette par pudeur et par honte. Et cela aussi bien à Chambray que plus tard à Vitry sur Loire. A des étrangers indifférents on ne peut confier aucun sentiment, aucun état d'âme, aucune peine, aucun manque. Tout cela je l'ai compris très tôt. Mon seul désir jamais réalisé était de sentir tout près de moi, charnellement, MAMAN. Cela est peut-être arrivé à la fin de sa vie (je dis bien peut-être) devant la terrible réalité que l'on ne sera plus.

Je vais quitter Chambray dans ce cahier. Le Papa Louis est mort depuis très, très longtemps, il n'a plus besoin de ces cataplasmes d'orge grillé, brûlant, préparés dans une vieille poêle que Maman Titine préparait et lui appliquait sur la région lombaire lorsqu'il rentrait, plié en deux par un lumbago aigu, après une dure et longue journée de travail de cantonnier. Je le revois aussi, la bouche édentée, dans sa tenue d'ouvrier, sévère seulement à table pendant le dîner (on disait la soupe) où il écoutait religieusement les informations à la TSF. Temps pendant lequel il se nettoyait consciencieusement ses quelques incisives restantes avec la pointe de son grand couteau de cuisine ! C'était impressionnant... Maman Titine aussi est morte depuis très, très longtemps, son souvenir est moins vivace.

Cette période pendant laquelle nous vivions à Chambray Max et moi fut prospère pour nos Parents. Ils menaient une existence passionnante mais difficile avec les aléas que représentait le "métier". Mais je dois expliquer que durant quelques années, environ de 1935 à

1939 Maman décida de créer sa propre société de loterie nationale qui était à ses débuts. Le système à l'époque permettait d'ouvrir boutique sur rue, d'acheter à l'état des billets entiers à cent francs puis de les composter au même numéro que le billet entier. Les billets étaient divisés en dixièmes ou en vingtièmes. La maison s'appelait "comptoir Paris-Levallois". Les carnets à souches étaient fabriqués spécialement. Par chance au début de cette activité le gros lot sortit. Il était de un million de francs c'était énorme. Maman l'avait composté en vingtièmes et la totalité des billets avait été vendue. Il y eut beaucoup d'heureux parmi les chauffeurs de taxis qui formaient une grosse partie de la clientèle. Le tirage avait lieu une fois par mois ce fut une publicité extraordinaire, Maman engagea deux vendeurs et une secrétaire, les journaux publiaient chaque mois l'événement et cette fois les clients faisaient la queue pour acheter leurs billets. Mais l'euphorie ne fut pas éternelle... Les tirages furent plus fréquents, d'abord tous les quinze jours, puis toutes les semaines. Enfin cette affaire se termina également au moment de la guerre. Les billets entiers perdants, dixièmes et vingtièmes invendus étaient entassés dans une malle, le tout devant obligatoirement être conservé durant plusieurs années. Puis un jour, je me rappelle que cela se passait au début de l'occupation, lorsque mon Père rentra de l'exode, retour de la zone libre, il lui vint l'idée saugrenue de tapisser les murs de la salle à manger avec les billets contenus dans la malle ! Surprenante et insolite cette tapisserie eut du succès auprès des amis et autres gens qui venaient à la maison. C'était le choc, on ne voyait plus dix centimètres de l'ancienne tapisserie. Quelle fortune s'étalait sur les murs...

1938-1939: Nous sommes revenus à la maison et Chambray devint petit à petit un souvenir. Il fallait se réhabituer à la vie citadine, à la grande école communale avec ses nombreuses classes. Plus de mixité, écoles filles et garçons bien séparées. Je ne pourrais plus être auprès de mon frère et je ne saurai plus si la maîtresse ou la maître seraient gentils avec lui lorsqu'il ne comprendrait pas ou s'amuserait pendant les leçons. Je ne pourrais plus rouspéter parce que la maîtresse excédée lui donnerait, avec le plat du livre un coup léger sur le sommet de la tête. Mais enfin je m'habituerai. Quant à Max, toujours optimiste, le changement lui était tellement indifférent, il trouverait de nouveaux copains. Je pense même qu'il était content de ne plus me "trimballer". J'avais tout de même "vieillie", je ne l'attendais plus à la sortie de l'école pour que nous rentrions ensemble à la maison. Là j'aurai des copines, des filles !

Je venais d'avoir dix ans. L'école était la même que celle de mes six ans, tout au bout de la rue Danton à Levallois. Elle existe toujours. Les classes étaient sombres et les jours d'hiver il fallait allumer l'électricité. J'aimais beaucoup cette ambiance feutrée qui rendait le lieu plus intime. J'aimais autant cette école que celle de Chambray que nous avions quittée, pourtant si différente.

Cette année, la dernière avant la guerre, passa sans histoire. Mon Père n'avait plus son affaire de taxis. La vie éreintante qu'il avait menée pendant des années, jours et nuits, était terminée. A présent c'était la *Coupole,* le restaurant où le soir s'était transporté, la bande exotique de copains russes. Nous habitions alors une petite maison derrière la porte Champerret, à la limite de Levallois. Rue Octave Mirbeau, n°51. Rue qui n'existe plus et est remplacée par la rue Emile Gilbert. Le quartier est complètement transformé, lorsque de temps en temps j'y vais rêvasser prise d'une certaine nostalgie, il m'est très difficile de retrouver l'emplacement de la maison. La rue était étroite, l'autobus “BD” passait devant notre maison. Une petite voiture attelée faisait un bruit épouvantable en passant devant nos fenêtres.

La rue était pavée et la voiture passait au galop tous les jours vers cinq heures du matin. C'était le chiffonnier qui hurlait à tue-tête "chiffonnier, chiffons à vendre..." c'est tout ce que je pouvais comprendre. Je l'entendais dans le profond sommeil de l'enfance. Notre maison était située en face d'un passage qui débouchait Porte Champerret ainsi lorsque nous attendions des visiteurs et amis arrivant par la Porte Champerret, nous pouvions les apercevoir de loin. Les petits enfants voient tout immense, la maison me semblait très grande, en réalité, elle était très modeste. Je m'en aperçus lorsque nous y sommes revenus après la guerre. Enfin, hors les périodes d'absence, j'y suis née et l'ai habitée jusqu'à vingt-quatre ans. Je m'y plaisais.

Le rez-de-chaussée transformé en magasin et où Maman avait eu son affaire de Loterie nationale, servit après la guerre en magasin de meubles. Nous accédions au premier étage par un escalier aux marches recouvertes d'un lino marron, bordées de barres de cuivre que mon Père voulaient rutilantes. Le palier desservait sur la gauche l'appartement et sur la droite le bureau de mon Père lorsqu'il avait son affaire de taxis. Par la suite cette pièce devint ma chambre de jeune fille. J'y ai eu quelques frayeurs. Une grande fenêtre donnait sur les toits du garage, sans volets, les nuits très chaudes d'été je devais laisser la fenêtre ouverte pour ne pas étouffer. Des chats rôdaient, parfois aussi… des rats ! Passée la porte de gauche sur le palier, une petite entrée carrelée desservait une petite cuisine dont la fenêtre donnait également sur le toit. Au bout de cette petite entrée sur la gauche de la cuisine, une chambre, celle des enfants, Max et moi, lorsque nous étions petits. A droite, en traversant la petite entrée et face à la cuisine, la salle à manger dont les deux fenêtres donnaient sur la rue. A gauche de cette salle à manger une chambre assez spacieuse, celle de mon frère Maurice. Enfin, à droite de la salle à manger, curieusement surélevée par une marche, était la salle de bains en enfilade de laquelle était la grande chambre, celle de mes Parents. Cette partie de la maison avait été rajoutée à l'époque de ma naissance. Les fenêtres donnaient aussi sur les toits mais la salle de bains était "grandiose" moderne de l'époque. Grande baignoire, deux lavabos, bidet, énorme chauffe-eau mais l'inconfort était les WC installés dans la salle de bain. D'autres toilettes étaient au rez-de-chaussée mais nous ne les utilisions pas, ils étaient devenus trop vétustes.

J'aimais notre maison, elle représentait le havre de sécurité. J'aimais les retours brefs de pension où je retrouvais notre chambre d'enfants aux murs tapissés de papier peint représentant des scènes paysannes, des poules, poussins, petites maisons au milieu de la verdure. Nous avions gribouillé sur ces "fresques" n'importe quelles sottises. A certains endroits le papier était arraché mais rien ne changeait. C'est seulement au retour après-guerre que tout a été rénové et cette chambre est devenue la petite salle à manger.

Mon frère Maurice était parfois aussi à la maison durant ces quelques jours. Sa chambre était mitoyenne à la nôtre. Lorsque je revenais seule à la maison pour une visite chez l'oto-rhino ou tout autre motif nous nous retrouvions. C'était un grand peureux qui aimait faire peur. Certaines nuits, je me réveillais entendant des bruits sourds frappés contre le mur, accompagnés d'une voix sourde et caverneuse. Je savais bien que c'était lui jouant au "grand méchant loup", mais j'enfouissais tout de même ma tête dans l'oreiller. Le matin, il riait content de sa farce. Je n'en parlais pas à Maman, il n'était pas d'usage de "rapporter".

Vers l'âge de douze ans, Maurice avait été très malade lors d'un séjour à Cabourg où mes Parents louaient une villa pour les trois mois d'été. Il contracta la fièvre typhoïde, maladie très grave à cette époque, parfois mortelle. Bien soigné, dorloté par une garde-malade, jour et nuit, il guérit mais garda une fragilité toute sa vie. La maladie était contagieuse, Max et moi, expédiés d'urgence à Paris avec la bonne, la maladie se déclara tout de même mais sous une forme plus bénigne. C'était une broncho-pneumonie sous forme typhique, grave tout de même. J'avais environ quatre ou cinq ans et je garde toujours le souvenir de nos hurlements de Max et de moi-même lors des séances de cataplasmes brûlants, à la farine de moutarde, qui nous enveloppaient la poitrine.

C'est à partir de l'année de mes neuf, dix ans que j'ai commencé à connaître mes Parents. Nous ne mangions plus à la cuisine, Max et moi comme lorsque nous étions petits. Nous accédions à présent à la salle à manger ! J'étais toujours très timide surtout en présence de mon Père qui ne m'adressait pratiquement jamais la parole. D'ailleurs, les enfants ne parlaient pas à table. Je gardais donc le nez dans mon assiette. Avec Maman j'avais une certaine aisance, mon instinct me disait qu'elle ne me sous-estimait pas parce que j'étais une fille…

Parfois, le dimanche matin mon Père nous emmenait, Max et moi, faire du canotage sur le lac du bois de Boulogne j'étais plus naturelle et j'aimais lorsqu'on me confiait pour un petit moment les rames. Nous y allions et revenions à pied, ce qui représentait quelques bons kms. L'après-midi des beaux dimanches c'était la promenade, Papa, Maman, Max et moi. Pour moi, je pense aussi pour mon frère, c'était la "corvée", nous devions marcher devant, Max et moi, les Parents derrière. Souvent nous faisions le tour de la place de l'Etoile, nous revenions, descendant l'avenue de la grande armée, pour un arrêt pâtisserie (laquelle pâtisserie existe toujours). Je choisissais toujours un éclair au café et c'était le moment le plus agréable de la promenade.

Il nous est aussi parfois arrivé, au cours de cet hiver, d'aller avec Papa, Max et moi (Maman ne nous accompagnait pas), d'ailleurs deux ou trois fois seulement mais j'en ai gardé un souvenir assez tenace, retrouver ses copains russes, anciens chauffeurs de taxis pour la plupart. Cette "tribu" de russes blancs avait élu pour leurs retrouvailles un café qui se trouvait avenue de Ternes, en remontant sur la droite, un peu avant l'avenue de Wagram. Ces exilés chantaient les airs de leur pays, buvaient de la vodka et parfois dansaient. Un vrai folklore fascinant tout au moins pour moi. Mon père, excellent danseur, ne pouvait s'empêcher de faire une démonstration et tout le monde tapait des mains. Plus jeune il avait souvent été sollicité pour des fêtes, des mariages etc. il avait conservé un magnifique costume traditionnel en soie jaune recouverte de broderies, des bottes rouges et une très large ceinture faite d'un fin lainage rouge. Pendant la guerre, alors que tout manquait, je me suis fait - oh sacrilège ! - un chemisier avec la ceinture et un pyjama d'appartement avec le costume. Je ne sais pas ce que sont devenues les belles bottes…

Parmi tous ces "phénomènes" se trouvaient quelques femmes, épouses ou amies ? Je ne sais pas. C'était une femme encore assez jeune que tous appelaient par son prénom Galina. Je l'ai souvent revue à la Coupole le restaurant. Elle était paraît-il de grande noblesse mais buvait comme un cosaque, fumait beaucoup et chantait en russe d'une voix éraillée. En fait, j'étais trop jeune pour la juger, je la trouvais vulgaire. Elle avait probablement connu bien des détresses. Elle était nostalgique. Mais tous ses compatriotes l'aimaient. Je pense, à présent, que je connais bien la vie, qu'elle devait vivre un peu de la charité de chacun. Peut-être aussi en vendant quelque peu ses charmes.

Ai-je écrit que mes Parents s'entendaient très bien et je crois qu'ils s'aimaient. Souvent ils parlaient le yiddish entre eux, un yiddish germanisé, bien à eux car Maman parlant bien l'allemand avait "yiddishisé" son allemand et Papa avait certainement un peu germanisé son yiddish russe. C'est là le miracle de ce dialecte qui a fait que tous les juifs d'Europe se comprenaient, c'était leur Espéranto ! Souvent ils utilisaient ce langage afin que nous, les enfants, ne comprenions pas leur conversation, c'est alors que nous tendions l'oreille et devinions parfaitement.

Mon Père était-il plus juif ou plus russe dans son cœur ? Je crois, au fond, que profondément militariste (du moins à cette époque) il devait se sentir très français. Quant à Maman avec sa culture française, elle devait se juger parfaitement française.

Durant cette année 1938-1939 je m'étais fait quelques camarades à l'école mais toujours pas de vraies amies. Je rentrais à la maison sagement après la sortie de l'école, le chemin était long, presque tout Levallois à traverser. Mon plaisir, certains jours, était de retrouver à la maison, Madame Ribaud qui faisait la couture deux journées par semaine. C'était l'usage dans les familles aisées d'avoir une couturière à domicile. Pratiquement tous les vêtements pour femme et enfants étaient faits à la maison, sur mesure. La confection était de mauvaise coupe et de mauvaise qualité. Madame Ribaud pour qui mon affection se développa au fil du temps après la guerre, était une femme douce et gentille, soigneuse de sa personne très méticuleuse et calme. Petite fille j'aimais m'asseoir devant sa table de travail où elle restait jusqu'à vingt heures. Bien des années plus tard elle aimait me dire : "savez-vous Jacqueline je vous ai fait vos premières robes." Je la regardais travailler paisiblement, c'est en l'observant tout simplement que j'ai appris à coudre. Puis après la guerre, quand Maman n'était plus là et qu'elle reprit ses habitudes de travail, c'est à elle, cette véritable amie discrète et fidèle, que je faisais mes petites confidences. Son mari travaillait à la SNCF en tant que conducteur de trains. Dur travail qui s'accomplissait de jour comme de nuit. Le couple n'avait pas d'enfant. Un jour, bien des années plus tard, à l'âge où je pouvais comprendre, j'ai su, car elle me le raconta, qu'elle avait eu une petite fille, décédée en bas âge et qui était née la même année que moi. Son mari et elle avaient élevé une nièce et un neveu orphelins de sa sœur décédée mais tous les deux étaient partis vivre leur vie, vers l'âge de dix-huit ans et n'avaient jamais donné de leurs nouvelles. C'était son secret et son regret. L'affection que je lui ai porté plus tard lui a donné, je l'espère, un peu de joie.

C'est vers cette époque que je commençais à percevoir qu'il existait des différences sociales, non pas comme je le savais déjà entre la ville et la campagne, mais entre les individus. Des riches, des moins riches et des pauvres.

Je revenais de l'école par le même chemin qu'une camarade qui habitait sur mon parcours. Un jour elle me proposa d'aller, en passant, voir sa Mère qui faisait sa lessive dans un lavoir rue Anatole France. Je ne savais pas qu'à Paris il existait encore des maisons où il n'y avait pas d'eau courante dans les appartements. Quelle impression je ressentis en entrant dans l'immense bâtiment rempli de buée, le plafond très élevé renvoyait en écho les bruits des machines et les cris des femmes qui s'interpellaient. Ces femmes étaient obligées de crier très fort pour s'entendre dans le bruit infernal des énormes machines qui lavaient, brassaient, séchaient. Ma "copine" trouva sa Mère facilement et lui proposa gentiment de rapporter une partie du linge. Nous sommes reparties et je la laissai devant la porte de son immeuble qui ne me paraissait pas tellement vétuste.

Je me rendis compte alors, que chez nous la vie était totalement différente, nous étions certainement des privilégiés puisque il y avait une femme de ménage, une femme de lessive (on disait comme cela) et Mme Ribaud couturière. La "femme de lessive" s'appelait Mme Dupuis, elle est revenue travailler après la guerre, quand Maman n'était plus là.

Parfois aussi, mais rarement pendant les vacances, et cela était un vrai plaisir, Maman nous emmenait déjeuner à la Coupole. Le menu était simple mais j'appréciais tellement l'œuf mayonnaise, inconnu jusqu'alors à Chambray. Dans le brouhaha de la grande salle pleine de monde je me sentais au spectacle. De spectacle à dix ans, je ne connaissais rien.

Mon frère Maurice, quelques années plus tôt, vers mes cinq ans (il en avait douze) avait reçu en cadeau un projecteur et un écran de cinéma Pathé Marconi, avec un film… la vie de Jésus ! Bizarre non ? Muet bien sûr et images floues. Max et moi n'avions pas le droit de regarder, ce n'était pas de nôtre âge. Alors, la porte de communication se trouvant face à l'écran, de l'autre côté, nous jetions un œil par le trou de la serrure. Puisque c'était défendu il devait y avoir des images extraordinaires ! Mais l'image frappante était le Christ décharné et sanguinolent marchant en portant une immense croix. On le voyait aussi cloué sur la croix, c'était évidemment impressionnant. Je ne sais pas qui avait offert ce cadeau très onéreux à Maurice.

Vers l'âge de six ans, Papa nous emmenait parfois, rarement, au cinéma pour enfants qui se trouvait rue des Acacias "le ciné rire". Les films qu'on y projetait étaient vraiment très "bêbêtes", Laurel et Hardy ou Charlot goguenard. Les enfants de cette époque n'avaient certes pas la maturité qu'ont les enfants de nos jours, mais les "tartes à la crème" ne m'amusaient pas follement. Sur les murs de la salle étaient écrits d'une écriture très fantaisiste "quand un gendarme rit dans la gendarmerie, tous les gendarmes rient dans la gendarmerie". Après tout, c'était peut-être une façon d'apprendre aux petits, le singulier et le pluriel.

L'année s'écoula sans éclat. Nos Parents, la famille, les amis (la maison était souvent pleine) discutaient beaucoup la possibilité d'une guerre avec crainte et appréhension.

Les grandes vacances arrivèrent, elles duraient du 14 juillet au 1er octobre. Comme d'habitude nous sommes partis Max et moi, certainement par l'intermédiaire d'une organisation "anciens combattants" à Vitry sur Loire en Saône et Loire. Là pour la première fois, nous étions séparés. Alors que j'étais placée dans une famille en plein bourg, Max l'était dans une famille isolée, loin, à environ quatre km. Il s'y trouvait bien, comme toujours, mais il me manquait beaucoup. Le temps que dura notre séparation, j'allais le voir presque chaque jour. Je parcourais seule ce long trajet, moitié par la route nationale, moitié par des petits chemins où je ne rencontrais jamais personne. Sur la route, j'avais peur des voitures, qui heureusement ne passaient que très rarement. On m'avait bien fait la leçon qu'il ne fallait jamais monter si le conducteur s'arrêtait, aussi dès que j'entendais un moteur je me cachais dans le fossé. Ces visites occupaient mon temps tout l'après-midi. Je revenais avec un sac rempli de cerises que nous avions cueillies ensemble. Je dévorais tout en chemin.

Au bout de trois semaines environ, je ne me rappelle plus pour quelles raisons, Max vint habiter avec moi dans la même famille du bourg. (Je ne me souviens plus du nom de cette famille.) Le temps passa. Deux mois, c'est long pour des enfants. J'attendais impatiemment le retour à la maison et je m'accommodais des incommodités. Nous étions mal installés, les nuits étaient très chaudes, nous étions envahis par les puces. Elles tombaient du plafond, s'éparpillaient dans toute la maison (très petite maison !) Les autochtones immunisés ne sentaient rien. Max et moi étions couverts de boutons de la racine des cheveux jusqu'aux pieds. Nous nous grattions activement, le dos mutuellement et les draps de nos lits entièrement tachetés de "chiures" de puces. Le soir nous nous badigeonnions à grand renfort de talc ce qui était parfaitement inefficace. Toujours optimiste Max disait comme les "vieux" que nous prendrions l'habitude ! Ces puces tombaient du grenier par les interstices des poutres du plafond, elles n'étaient pas venimeuses, n'avaient que le défaut de piquer…

Tous les grands parlaient d'une guerre imminente, la radio, à l'époque c'était la TSF, marchait dans tous les foyers. La guerre fut déclarée le 03 septembre 1939. Tout le village était en effervescence. C'est alors que j'eus cette pensée dont bien des années plus tard j'eus honte et remords. Je dis à mon frère "Mais si Papa part à la guerre et qu'il est tué, qui paiera pour nous la pension ?" Max ne savait pas !... Il faut dire pour mon excuse, qu'à Chambray, j'avais souvent été émue par ces enfants de l'assistance publique placés dans des familles et parfois maltraités.

Maman nous faisait remarquer que pour nous, elle payait, que si quelque chose n'allait pas il fallait écrire.

Pour les puces nous n'avons pas écrit, puis ce qui n'allait pas pour moi c'était le manque d'affection, de tendresse, depuis la petite enfance et je comprenais que ce n'était pas une question d'argent. De sentiments je n'avais jamais osé parler.

Début septembre, Maman arriva ; je croyais que c'était pour nous ramener à Paris. Je me trompais encore. Non, c'était la guerre et nous devions rester à Vitry / Loire. A Paris beaucoup de problèmes se posaient, comme à l'habitude nous n'avions pas d'explications, on ne disait rien aux enfants. Dès son arrivée, Maman fut stupéfaite de nous trouver boutonneux de la tête aux pieds, tout le monde expliqua qu'il s'agissait d'une crise d'urticaire. Aussi, dès le lendemain, elle nous emmena à Bourlon-Lancy, station thermale se trouvant à environ quinze kilomètres, afin de consulter un pharmacien, lequel déclara tout net qu'il s'agissait "tout simplement" de piqûres de puce. Horreur !... Ce diagnostic posait un problème, celui de trouver une autre famille pour nous héberger.

J'étais tellement contente d'avoir Maman auprès de moi que j'oubliais pour un temps le retour à Paris. Maman avait trouvé à se loger chez l'habitant et m'avait prise auprès d'elle pour passer une nuit. Nous étions dans le même grand lit, je me blottissais contre elle, j'étais tellement heureuse que dans la profonde quiétude du sommeil je fis "pipi" au lit !! Quelle inondation au milieu de la nuit. J'avais onze ans, ce n'était pas drôle. Maman me réveilla, je l'aidais à retourner le matelas. Elle rit car j'étais honteuse. Je crois que tout simplement, elle avait compris mon émotion. Dès le lendemain Maman se mit en quête de trouver où nous installer Max et moi. Chez l'habitant, elle ne trouva probablement rien de correct. Au milieu du village, au bord de la route nationale (peu de voitures passaient en cette période de guerre) était situé l'hôtel-tabac, café, typique dans chaque village. C'est là qu'un accord fut pris, nous devions y rester deux ou trois mois le temps de voir venir les évènements, tout le monde pensant que la guerre serait très brève, les français bien sûr donneraient une "piquette" aux "boches". Notre "transfert" fut vite fait. Nous recommencions une vie inconnue. Maman est repartie très vite. Comme à l'habitude je pleurais longtemps en cachette.

La famille Chaussin se composait du mari, de la femme, de la belle-fille (le fils étant parti à la guerre) et de la petite fille âgée de sept ans. Le Père qui me paraissait âgé mais en fait ne l'était pas, peut-être avait-il entre cinquante ou soixante-cinq ans, buvait beaucoup. Métier oblige. Il avait l'entraînement, je ne l'ai jamais vu ivre. Celle que j'appelais en mon for intérieur la Mère Chaussin et que je n'aimais pas du tout était le chef en nom de la tribu, mais en réalité se laissait facilement mener par sa bru. La Mère Chaussin ne se lavait pas et par conséquent sentait mauvais, aussi sa belle-fille la rabrouait constamment à ce sujet assez rudement. Aussi un soir, je me souviens, elle fit une grande toilette et annonça à la ronde le lendemain matin cet événement historique "et ben mes enfants, j'me suis lâvée et m'suis ben r'pôsée" ce qui me fit rire un bon moment…

Le "vieux" que j'appelais aussi intérieurement buvait beaucoup de chopines avec ses clients et devait se trouver souvent entre deux vins. C'était donc la Mère Chaussin qui tenait le tabac et les finances. Ce coin tabac était séparé de la grande salle par une cloison en partie grillagée, la caisse derrière toujours fermée à clef. La belle fille très active dirigeait la maison. La petite fille, Paulette, très gâtée était un vrai poison. En tout cas c'était mon avis.

L'hôtel comprenait environ huit chambres situées au premier étage, sans chauffage, sans eau courante, situées en enfilade le long d'un grand couloir au bout duquel se trouvaient deux chambres plus spacieuses, bien meublées. L'une pour la Mère Chaussin, son mari avait une chambre "client" dans le couloir, l'autre pour la belle fille qui l'habitait avec sa fille puisque son mari était sous les drapeaux (expression très employée en cette période). Pendant toute l'année de notre "pensionnat" je ne vis jamais un seul client pour l'hôtel, jusqu'à l'exode qui arriva dans la région vers le mois de juillet.

Max et moi avons été installés dans une chambre "client". Tout en longueur, éclairée au bout par une fenêtre qui donnait sur la petite place. Elle comprenait deux grands lits disposés pieds contre pieds. Nous nous trouvions ainsi suffisamment éloignés pour nous permettre de superbes batailles de polochons. Nous avons logé dans cette chambre jusqu'aux grands froids de l'hiver. Je trouvais cette situation très bien, mais hélas, elle ne dura pas. Vers le mois de décembre, je ne sais pourquoi, peut-être étions nous un peu trop turbulents, il fut décidé que Max irait dans la chambre de Père Chaussin et moi dans celle de la Mère. Il gelait fort cet hiver là et le premier étage n'était pas chauffé. Le soir nous montions un cruchon d'eau chaude, tirée de la réserve de la grande cuisinière, que nous glissions très vite dans nos lits. Nous nous déshabillions dans le lit sous le gros édredon de plumes sous lequel nous placions nos vêtements afin de les retrouver chauds le lendemain matin pour effectuer l'opération inverse de rhabillage. Pas question de toilette, l'eau dans le broc était transformée en glace. La cuvette, la brosse à dents, le gant de toilette, gelés, restaient des jours, voire des semaines sans être utilisés. Une fois par semaine, nous faisions la toilette dans la grande cuisine, chauffée par la grosse cuisinière. A cette occasion, notre petit linge était changé.

Max, comme à son habitude se trouvait bien dans la chambre du Père Chaussin. Moi, je détestais la mienne ou plus exactement je détestais la promiscuité de la grosse Mère Chaussin qui sentait mauvais, je ne me suis jamais habituée à cette odeur putride qui provenait aussi de sa maladie d'estomac. Lorsqu'elle montait se coucher et que je ne dormais pas encore, je surveillais discrètement en faisant semblant de dormir, sa façon de ranger la recette de la journée dans un tiroir de la grosse commode. Elle jetait toujours un coup d'œil vers mon lit pour s'assurer que je dormais…

La chambre de la belle-Mère était contiguë avec celle de la belle-fille qui y demeurait avec sa fille la petite Paulette. Les jours où je voulais faire la grasse matinée parce qu'il n'y avait pas d'école, cette petite chipie gâtée venait sauter sur mon lit. J'aurais tellement aimé lui donner une bonne raclée ! Je devenais dure et méchante sans m'en apercevoir. La belle-fille me le faisait remarquer, c'était certainement vrai. Je n'aimais pas cette famille. A côté de la salle principale du café, une autre salle beaucoup plus grande servait pour les fêtes et les banquets, elle était toujours vide en cette année de guerre. C'est là que j'aimais m'installer avec mes affaires d'école, cahiers et livres assez limités. Comme à Chambray, ici, personne ne lisait. Pas d'histoires, que des rêves dans ma tête. Sans le savoir, je devenais solitaire.

Dans le courant de cet hiver 39-40 j'ai été très malade, je ne suis pas allée à l'école durant trois semaines. Avec beaucoup de fièvre je dormais beaucoup, toussais beaucoup et ne mangeais pratiquement pas. Pas de docteur, des remèdes de bonne femme. Mais j'étais certainement très solide, je guéris. J'avais beaucoup maigri. Les jours avaient passé, je rêvassais dans mon lit lorsque j'allais mieux en regardant les dessins que formait le givre sur les vitres de la fenêtre. Heureusement, ayant peur de la contagion, la petite chipie de Paulette ne venait pas me voir. Max mon fidèle, lui me rendait de brèves visites. Puis je pus enfin descendre. L'institutrice vint me voir et fut effarée de ma maigreur (je repris vite du poids, car je dois le dire on mangeait très bien dans la famille).

Donc Mlle X - je ne me rappelle pas le nom de cette vieille fille dévouée qui arrivait en fin de carrière avec toute sa patience et son dévouement intacts. Elle m'apporta du travail pour rattraper mes jours d'absence et m'annonça qu'elle voulait que je me présente au certificat d'étude : nous serions ainsi cinq au total, elle était persuadée que je devais réussir. Cette nouvelle me remplissait de joie et me donnait du courage pour travailler et combler le retard dû à la longue absence. Pour moi, c'était facile. Je retournais bientôt avec joie dans la petite école, une seule classe comme à Chambray, cette fois j'étais dans la grande division, au premier rang. Mlle X s'occupait beaucoup de "ses cinq grandes". Le grand poêle occupait le milieu de la classe, nous y réchauffions nos mains gelées au retour des récréations pendant lesquelles nous faisions de belles parties de boules de neige.

L'hiver était rude. L'école n'était pas mixte comme à Chambray ; celle des garçons était située à quelques dizaines de mètres à l'écart. Quand je le pouvais j'allais parfois attendre Max à sa sortie et je n'aimais pas que ses copains l'appellent en le taquinant "bouboule" car à cette époque en effet il était un peu "rondouillard" mais cet aspect physique lui donnait encore davantage l'air "bonne pâte".

Ainsi passa l'hiver, à Noël il n'y eut pas de fête, les fils du pays étant à la guerre. Les adultes en parlaient beaucoup de cette guerre et la France bien sûr allait la gagner "vite fait bien fait"!... Nous, les enfants, cela ne nous regardait pas. Nous étions les MINUS tenus à l'écart complet des affaires des "grands". Nous avions l'habitude et n'étions pas curieux des choses de la guerre. Tout le monde ne comprenait pas les informations de la même façon. Les Chaussin écoutaient peu la radio et je ne voyais pas traîner les journaux comme à Chambray. Nous vivions nous autres enfants, dans notre bulle.

Le printemps arriva. L'événement important dans le village fut la foire aux bestiaux. Les familles achetaient leurs volailles mais surtout leur cochon. C'était la coutume, chacun tuait son cochon et le préparait pour les réserves de l'année. Chez les Chaussin on acheta le cochon. C'était le grand branle-bas de combat pour tuer, découper, saler, rien ne se perdait, même les boyaux faisaient les tripes (?). Ce cochon resta quelques jours dans un petit enclos puis le jour de sa mise à mort arriva. Cela se passa dans la cave et fut effrayant. Plusieurs hommes se mirent à l'ouvrage pour cette mise à mort, rude besogne !

De la route où nous étions restés, curieux, avec d'autres enfants, nous entendions les hurlements de cette bête que les hommes égorgeaient avec des moyens rudimentaires en lui enfonçant un gros bâton dans la gorge. Ça hurle fort un cochon qu'on égorge, mais les enfants du pays avaient l'habitude et pas d'état d'âme. Quant à moi j'étais terriblement impressionnée et effrayée. Enfin la bête se tut, les hommes qui avaient fait de très gros efforts allèrent boire une "chopine" puis se remirent vite au travail.

Pendant plusieurs jours, tout le monde travailla. J'appris que tout se mange et que rien ne se perd. Ce qui n'est pas utilisé est vendu. Les jambons furent fumés puis accrochés au plafond de la grande salle pour sécher. Les morceaux de grillades mangés assez rapidement. D'autres morceaux, lard etc. mis dans un saloir. Le travail délicat était la confection des boudins fabriqués avec le sang recueilli précieusement et les boyaux vidés, lavés. Les enfants étaient embauchés pour souffler les boyaux avant le remplissage, nous en faisions un peu…

Enfin nous mangions très bien chez les Chaussin ! C'est vrai. Je continuais à travailler ou à dessiner en m'isolant dans la grande salle, toujours solitaire. Les jours sans école nous allions nous promener en bandes, garçons et filles. Je ne grimpais plus aux arbres. Je devenais pudique, j'avais onze ans et demi et commençais ma transformation physique à laquelle je ne comprenais rien. Mon sein gauche commençait à pointer, le droit toujours plat, je pensais être anormale mais au fond je ne m'en inquiétais guère. La campagne sentait bon. Nous allions en nous promenant ou plutôt gambadant, ramasser des pissenlits dans les champs. C'est très bon la salade de pissenlits fraîchement ramassés, alors que la laitance coule encore du trognon. Préparée avec de l'ail, des lardons et des croûtons. Les noisettes sauvages, les mûres, tout dans la nature était bon à notre gourmandise.

Puis un jour en revenant d'une longue promenade, en fin d'après-midi, alors que nous arrivions au milieu du bourg presque devant l'hôtel, là, je crus avoir une hallucination. A quelques dizaines de mètres je voyais MAMAN ! Dans tout mon corps, je ressentis une onde magique de bonheur immense, elle m'envahit et je pleurai. Max aussi avait reconnu Maman, expansif comme toujours il était parti en flèche se jeter dans ses bras ; mais une fois encore je réfrénais mes sentiments. Je séchais mes larmes, me dominais et calmement j'allais vers Maman en cachant mon grand bonheur. Maman me connaissait très mal. Elle disait que je n'étais pas affectueuse, mais toute petite m'avait-on appris à l'être ?

Je retrouverai cette félicité une deuxième fois au cours de ma vie. C'est tout. Un jour à Bellegarde, nous marchions dans la rue, Titou me donnait le bras droit, elle était contente de sa coupe de cheveux toute fraîche, Myriam encore petite s'accrochait à mon bras gauche pour faire comme sa grande sœur. Je ressentais une grande harmonie dans notre trio. Tout à coup je compris que rien ni personne ne pourrait détruire cela et que, peut-être jamais je ne retrouverai cette joie si forte qui m'envahissait comme bien des années à Vitry lorsque j'étais enfant. Sentiment violent, furtif et inattendu qui vous enserre au plus profond de vous-même et vous fait pleurer de joie. J'ai serré très fort les bras de mes filles, j'ai retenu mes larmes. En tant qu'enfant, en tant que mère j'avais ressenti la même émotion, elle ne se reproduisit plus jamais avec autant d'intensité, tout au long de mon existence.

Maman resta deux jours, je ne connaissais pas la raison de cette visite. Tout le monde devenait de plus en plus inquiet quant à l'issue de la guerre. Maman repartit très vite en nous promettant de revenir bientôt nous chercher.

Nous étions aux environs d'avril, je préparais activement le certificat d'études avec quatre autres filles qui se présentaient. Pour la circonstance j'avais décidé de me tricoter un pull-over, idée ambitieuse ! Maman lors de son passage avait acheté la laine : laine bouclette, bleu vif, difficile à tricoter, manches ballons mode à cette époque, compliquées. Je passais des heures et des heures à faire, défaire, refaire ce tricot compliqué. Enfin la jeune Mme Chaussin m'aida, le cousit et il fut terminé à temps.

L'examen avait lieu le cinq juin. Il faisait un très bel été, la journée était exceptionnellement très, très chaude ; dans mon pull de laine j'étais dans une étuve. Contente tout de même, fière de mon travail, peut-être pas tellement réussi, mais qu'importe ! L'examen se passait à Bourdon-Lancy petite station thermale située à une douzaine de kilomètres de notre village. Le car qui faisait la tournée de ramassage dans les villages nous emmena vers 7h30. C'était l'événement, on nous regardait partir en nous souhaitant bonne chance. Nous partions pour la journée et déjeunions à midi avec notre institutrice, car l'oral avait lieu l'après-midi. La Mère Chaussin m'offrit le restaurant. Je ne m'attarde pas sur les détails et émotions de cette journée, d'un premier examen important pour tous les petits paysans qui finissaient là leurs études. Nous avons attendu, très excités les résultats qui s'affichaient vers 18 heures. Puis nous sommes revenues par le même car, riant et chantant sans tenir cas de la pauvre fille de notre classe, recalée avec d'autres, assises tristement au fond du car.

Juin 1940, mois historiquement célèbre. La défaite est là. Les accords d'armistice signés avec les allemands, la France vaincue, la population est peureuse, l'exode était déjà commencé pour les parisiens et les habitants des grandes villes qui fuyaient vers des lieux qu'ils pensaient être plus sûrs, sans bombardement et surtout sans "boches". La frayeur des casques à pointe était dans les esprits. Qui à cette époque de l'été 1940 aurait pu imaginer la collaboration outrageuse qui eut lieu par la suite ?

A Vitry, on vit arriver des foules de gens épuisés, en voitures, à vélos, à pieds, chargés de bagages. L'hôtel fut archi rempli en quelques jours. Les gens s'entassaient dans les chambres vides depuis longtemps. La Mère Chaussin céda la sienne et dormit dans celle de sa belle-fille, quant à moi je logeais dans une chambre avec un seul grand lit dans lequel je dormis en compagnie d'une jeune-fille qui venait du Creusot avec sa Mère. Elle était étudiante, apprenait la sténodactylo et l'anglais. Je la trouvais très moderne et l'admirais. Tous ces réfugiés étaient terriblement inquiets. Ils racontaient les routes bombardées, les ponts détruits qui empêchaient d'avancer, les morts… Mais personne n'avait encore rencontré d'allemands. La radio annonçait leur occupation à Paris, faisait part de leur progression à travers la France qui était rapide puisqu'ils ne rencontraient aucune résistance.

Maman arriva un jour de grand branle-bas avec mon frère Maurice et un couple d'amis. Au diable la guerre, j'étais contente puisque Maman était là et venait nous chercher Max et moi pour un retour que j'espérais définitif, à Paris. Je ne me souviens pas où ils furent logés. Tout était bousculades et désordre dans l'hôtel surchargé. Chez les habitants la même situation. Un matin très tôt à l'aube, la jeune fille (dont je ne me rappelle pas le prénom) me réveilla brutalement et j'entendis un bruit de motos tout à fait inhabituel, elles s'arrêtèrent sur la place devant l'hôtel. Nous regardions à travers les volets fermés arriver les premiers soldats allemands. Par la suite, nous avons appris qu'ils opéraient toujours ainsi dans les villages, envoyant des éclaireurs. Tout était calme dans l'hôtel, les gens réveillés comme nous murmuraient à voix basse, méfiants. Les soldats repartirent et environ une heure plus tard l'armée allemande, motos, voitures, chars entraient triomphalement dans le village.

Dès l'ouverture la salle du café se remplit bien vite d'uniformes kaki-vert et les soldats poliment commandèrent des boissons que les Chaussin s'empressèrent de servir. Le problème de la compréhension du langage se posa très vite et Maman ne put s'empêcher de servir d'interprète. Cette première "fournée" envahissante dura environ deux ou trois jours. Les soldats payaient cash en francs ou en marks, les Chaussin commençant à se remplir les poches ne les trouvaient pas si terribles qu'on le disait. D'ailleurs, la plupart des villageois étaient de cet avis. Cette grosse troupe repartit, il en arriva d'autres rapidement, moins nombreux, toujours polis, parfois goguenards. Les réfugiés petit à petit repartirent chez eux. L'hôtel se vida.

Maman était très inquiète car au départ de Paris il avait été convenu, entre elle et Papa, qu'ils se retrouveraient à Vitry, mon Père étant parti avec une autre voiture. Mes Parents s'étaient séparés pour rendre service à un ami, propriétaire de taxis qui espérait sauver ainsi ses voitures car le bruit circulait alors que les allemands réquisitionnaient tous les véhicules ce qui devint exact par la suite. Donc pas de nouvelles de mon Père, le souci de Maman se comprenait d'autant qu'on parlait de morts sur les routes, lors de bombardements.

Après une quinzaine de jours environ d'attente, Maman décida de rentrer à Paris où elle espérait retrouver mon Père. Le retour fut une épopée. La voiture marchait mal, l'essence manquait. Les allemands œuvraient déjà, avaient réquisitionné les réserves d'essence et distribuaient aux pompes avec parcimonie. Je n'avais pas vu l'exode à l'aller, je le vis au retour !... Il nous fallut trois jours pour rentrer de Saône et Loire, et encore, nous avions eu de la chance... Les routes étaient bondées de voitures, de vélos, de marcheurs surchargés. Nous avancions très lentement. Lorsque nous n'avions plus d'essence, c'était le stop. Pour avoir quelques litres que les allemands distribuaient parcimonieusement nous étions obligés de prendre avec nous une ou deux quelquefois trois personnes, pour un bout de chemin qui les rapprochaient de leur région. La voiture était grande, un de ces modèles anciens avec des marchepieds sur les côtés. Nous étions déjà six, alors parfois nos prenions encore un enfant à l'intérieur les Parents debout sur les marchepieds. Mon frère Maurice avait à peine dix-neuf ans et conduisait sans permis, et sans papiers mais de ce côté tout se passa bien.

La première nuit se passa à l'abri dans une grange, chez des paysans. Nous étions entassés avec des inconnus, qui comme nous retournaient chez eux. Il faisait chaud. J'étais allongée entre Maman et Maurice, nous étions tous en rangs d'oignons très serrés, cela me rassurait. Je dormis profondément comme on le fait à douze ans. Le lendemain très tôt, tout le monde était réveillé. Des petits enfants pleuraient. Les adultes étaient anxieux, avaient hâte de repartir. Beaucoup étaient séparés de leur famille, se demandaient ce qui les attendait au retour après les bombardements. Les toilettes furent plus que sommaires, à l'abreuvoir des animaux en plein air. Notre route continuait cahin-caha, cinq litres d'essence par ci, dix litres par là distribués par les allemands sous condition. La voiture devenait de plus en plus "poussive" surchargée au maximum.

Toujours cette tristesse des paysages désolés, des champs dévastés, des restes de voitures incendiées pendant les bombardements, des animaux morts laissés sur les bas-côtés de la route. Mais tout cela ne me faisait pas pleurer. Je pensais : "Je rentre à la maison pour toujours peut-être et je suis près de Maman."

La deuxième nuit fut moins confortable, il faisait plus frais, l'endroit moins propre. Beaucoup de monde déjà avait dormi dans cette grange qui ressemblait plus à une étable. Maman nous couvrit de vêtements. Je dormis aussi bien que la veille. Au matin j'appris par nos voisins de "chambrée" que personne n'avait dormi à cause des rats qui faisaient la sarabande. Mon frère Maurice qui n'avait pas perdu l'habitude de me faire peur, m'avoua qu'un gros rat m'était passé sur le corps. Evidemment je le crus.

Il restait environ cent kilomètres pour rejoindre Paris où nous espérions arriver en fin de journée. Plus nous approchions, plus les routes étaient embouteillées. Maman était de plus en plus impatiente, elle espérait que Papa, dont elle ne savait rien, serait de retour à Paris. Nous sommes arrivés très tard le soir et mon Père n'était pas là. Pas de lettre, pas de message, rien. Plus de téléphone. Rien ne fonctionnait. Toujours courageuse Maman prit le parti d'espérer mais la situation était dramatique. Max et moi étions des enfants à peine adolescents, pas débrouillés du tout. Mon frère Maurice jouait au chef de famille, il fit le maximum. Contrairement à nous, élevé tout à fait différemment, il avait beaucoup d'assurance, même du "culot". Max et moi manquions de maturité. Nous ne connaissions rien de la vie. Je n'avais pas lu faute de lectures, pas de cinéma, (pas de télévision !), une méconnaissance totale de la vie. Hélas je fus vite "mise dans le bain". Maman nous informe de son principal souci. Elle n'avait presque plus d'argent. Papa était parti avec leur fortune : l'argent, les titres et autres valeurs, tous deux n'imaginaient pas une longue séparation. Nous n'étions pas les seuls parisiens dans le désarroi.

Bientôt la croix rouge organisa une distribution de soupe populaire et demandait des bénévoles. Maurice immédiatement s'engagea. Les distributions se passaient aux coins de certaines rues dans chaque quartier. Les files d'attente se formèrent très vite. Max et moi allions vers Maurice qui nous distribuait de larges rations, cela va de soi. Ce dépannage dura environ deux à trois semaines, je ne me rappelle plus très bien.

Enfin Maurice, parlant très bien l'allemand, proposa ses services chez *Duvivier*, grand garage automobile situé dans notre rue. Il fut immédiatement engagé en tant qu'interprète. Le problème juif n'apparaissait pas encore. Il est tout de même évident qu'il n'en fit pas état. Entretemps, un voisin qui habitait en face de notre maison audessus de son entrepôt, marchand en gros de pneus de voiture, voyant la peine de Maman, se proposa de lui prêter de l'argent. Elle accepta. Ce voisin durant la durée de l'occupation travailla beaucoup avec les allemands. Il liquida ses milliers de vieux pneus qui au fur et à mesure du manque avaient pris une grande valeur. S'étant bien enrichi, il acheta après la guerre une belle villa à Neuilly et ses enfants, du même âge environ que Max et moi, devinrent de vrais "petits bourgeois". Le problème juif ne devait pas du tout l'intéresser, tous les commerçants dans ce quartier se connaissaient depuis des dizaines d'années, s'entendaient bien. Maman pleurait toujours beaucoup, mon Père ne donnait pas signe de vie.

Max et moi avions repris l'école. J'étais rentrée au cours supérieur on appelait ainsi la classe après le certificat d'études. On y préparait un concours pour entrer au cours complémentaire. Le premier octobre, jour de rentrée scolaire, malgré la détresse de Maman, était un jour heureux pour moi. J'étais encore à cette époque pleine d'espérance.

Dès le mois de juillet, je crois, avait été établie entre le nord et le sud de la France une ligne de démarcation qui séparait la France en deux. Celle occupée : le nord, celle étant "libre" : le sud. Toute correspondance était interdite entre les deux zones ainsi que tous passages, sauf laissez-passer exceptionnel. Pour le moment les Allemands n'occupaient pas la zone libre. Maman pensait que Papa peut-être "coincé" en zone libre, s'il était vivant arriverait bien à donner de ses nouvelles. Enfin vers le mois d'octobre ou novembre une carte postale de COLLIOURE arriva datée du mois de juillet sur laquelle trois mots avaient été censurés. Mon Père était vivant ! Maman se mit à espérer qu'il arriverait en fraude à passer la zone ce qui était beaucoup plus facile dans ce sens que dans l'autre. Papa arriva un jour sans prévenir, il avait une mine splendide, nous pensions tous être sauvés.

Je connaissais à peine mon Père et ne ressentais pour lui aucun sentiment filial. Je le considérais comme un étranger à l'aspect sévère. De grandes conversations en yiddish (pour que les enfants ne comprennent pas) avaient lieu entre les Parents. Il s'agissait de travail, d'argent, de la situation future incertaine. Que faire ? Je comprenais que le portefeuille de titres et autres valeurs que mes Parents possédaient ne valaient plus rien, une vraie misère. Mon Père ne possédait plus que peu d'argent en espèces. Mais il en avait vu bien d'autres au cours de sa vie, il remontait le moral à Maman qui parfois se désespérait. Au fond, mon Père était un optimiste. Courageux, il commença à prendre contact avec ses relations et "amis". Parmi eux se trouvait un certain Mansour qui n'était pas juif, de nationalité dont je ne me rappelle plus. Il ne fut pas inquiété pendant l'occupation malgré son type très sémite. Il avait le physique d'un bédouin comme l'avait surnommé mon frère Maurice qui n'en ratait pas une... Donc ce Mansour était grossiste en produits alimentaires exotiques et épices. Denrées qui devenaient déjà introuvables sur le marché. De plus, il avait une petite usine de torréfaction de cafés. Il voulut bien embaucher mon Père pour torréfier le café. Travail de nuit. Mon Père accepta, trouva une blouse grise, se déguisa en ouvrier et consola Maman qui trouvait cette situation plutôt décadente. Il partait le soir, rentrait le matin et empestait le café. Enfin... nous ne manquions pas de café et, ce Mansour ne donnant pas un grain de ce précieux breuvage car il était d'une avarice exemplaire, mon Père sans état d'âme en mettait dans la manche de sa blouse qu'il roulait adroitement et rapportait à la maison. Moi, cela m'amusait, Maman, cela l'attristait.

Mais le café ne suffit pas à nourrir les enfants. Je me souviens de cet hiver, sans chauffage. Nous dînions dans la petite cuisine, serrés les uns contre les autres. Maman avait remis en route la vieille cuisinière qui ne servait plus depuis bien des années, elle reprit les fonctions alimentée avec du bois trouvé je ne sais où. Le jour de Noël où il faisait très froid nous avons bien dîné avec des marrons cuits dans le four (ils n'étaient pas glacés !) mais nous n'étions pas malheureux bien que soucieux, enfin nos Parents. Pour nous les enfants, notre Père était revenu. Quant à moi je savais que depuis notre toute petite enfance c'était lui qui subvenait à nos besoins matériels. J'étais certaine qu'il trouverait la solution.

Maurice entre temps avait quitté son travail chez Duvivier, il allait travailler avec mon Père. On l'avait affecté à la manutention où il resta peu de temps. Son esprit génial et pratique lui inspira d'absorber des vitamines à bon compte. Tout simplement, il se mit à percer les boites d'ananas pour en avaler le jus. Il est bien évident que cela ne dura pas trop longtemps. Papa, comme toujours arrangea avec Mansour ses frasques mais il fut renvoyé. C'est alors qu'il se fit embaucher chez le marchand de pneus qui avait aidé Maman au retour de l'exode. Marcelle sa future compagne y était secrétaire.

Le travail de mon Père ne pouvait pas durer, l'hiver se terminait. Physiquement il supportait mal les vapeurs de café, de fumée. Au début de printemps 41, un ami lui proposa d'entrer à la Croix Rouge où s'organisait un comité d'assistance aux prisonniers de guerre. Le local à cette époque se trouvait au 105 Bd Pereire. L'organisation fonctionnait avec des bénévoles qui ne travaillaient pas à plein temps et s'occupaient essentiellement des accords avec la croix rouge et l'occupant. Il fallait un magasinier pour stocker, gérer toutes les marchandises qui affluaient et seraient destinées aux prisonniers des stalags. Deux personnes seraient salariées. Mon Père et la secrétaire dont je me souviens très bien. Elle était femme de prisonnier et Maman d'un petit garçon atteint de la maladie bleue, difficilement soignable à cette époque. Papa entra donc au "Comité d'assistance aux prisonniers de guerre", où il travailla jusqu'en 1945 ou 1946.

En cette année 1941 commençait doucement mais surement la propagande allemande antisémite bien tolérée par la majorité des français ; les films franchement ou sournoisement anti-juifs. "Le juif Süss" rencontra un franc succès. Il passa longtemps dans les salles de cinéma de quartiers.

Cette année-là nous allions encore quelquefois au cinéma le samedi soir, Max et moi. Pourquoi ? Parce que Papa connaissait un policier qui exerçait à la P.J et s'était proposé de nous y amener mon frère et moi. Bien entendu le geste n'était pas gratuit... Au cours de l'année 1942 après la proclamation des lois anti-juives, il nous emmena encore quelques fois promettant à mon Père de nous protéger en tant que policier si une rafle avait lieu, comme cela se produisait parfois à la sortie des cinémas. Mais nous n'avons jamais rencontré les "méchants", heureusement car je me demande s'il aurait pu tenir sa promesse. Enfin grâce à lui j'ai le souvenir d'avoir vu quelques bons films dans mon adolescence. Pagnol,

Clouzot etc. "La fille du Puisatier" par exemple où je pleurais gentiment, "Remarque" avec Michèle Morgan que je trouvais très belle, Jean Gabin à l'époque jeune premier. Souvenirs…

Mais le cinéma était un bon moteur pour la propagande antisémite. Des expositions aussi, sur les juifs présentés comme des voleurs et des pestiférés, avaient lieu dans les grandes salles parisiennes. Enfin le cinéma connaissait la censure supervisée par Vichy. J'ai tout de même gardé un bon souvenir de tous les bons films que l'on trouve à présent gentillets si on les revoit à la télévision, mais à l'époque les jeunes étaient romantiques peut-être justement parce que la vie était difficile.

Les allemands devenaient très sévères quant à la sécurité vis à vis des "ennemis" les anglais surtout l'aviation aussi les maisons ne devaient laisser passer la nuit aucun rai de lumière. Les vitres déjà bardées de larges bandes de papier collant (l'adhésif n'existait pas) mais en croisillons, afin d'éviter qu'elles ne se cassent en cas de déflagrations pendant les bombardements, devaient être badigeonnées de bleu foncé. Pas de réverbères dans les rues. Toute la ville était noire. Dans les cœurs et les esprits aussi…

L'alimentation commençait à manquer sérieusement. C'est vers cette époque que fut instauré le rationnement avec les tickets d'alimentation. Plusicurs catégories existaient : Depuis les bébés jusqu'aux travailleurs de force. J1 - J2 - J3 - A - T - V. Je passe les quantités réservées à chacun. Max et moi étions J3 catégorie ado. Un peu plus favorisés que les adultes. Mais les tickets n'étaient pas toujours le "Sésame ouvre toi !" car bien souvent les commerçants n'avaient plus rien à vendre, du moins officiellement. C'est là que s'installa le marché noir. Nous avons eu pour beaucoup de raisons cette chance que mon Père entrant au Comité, le problème de la faim, du manque de nourriture ne se posa pas.

Le "Comité d'Assistance aux prisonniers de guerre" avait pour fonction de faire parvenir aux prisonniers dans les stalags, un colis de cinq kilos de produits alimentaires ou autres tel le savon par exemple (si tous les enfants des villes en avaient eu autant, il y aurait eu certainement moins de rachitisme). Au Comité s'entassaient des tonnes de denrées alimentaires fournies par la croix rouge internationale. Des conserves de toutes sortes, sardines, thon etc., chocolat, confitures, beurre en boîte, tout ce que les boutiques ne fournissaient plus. Durant quinze jours par mois, des femmes de prisonniers venaient préparer les colis, peser les produits, emballer. Elles étaient salariées pour ce travail et ne repartaient certes pas affamées. La plupart ont travaillé jusqu'à la fin de la guerre. C'est à cette époque que j'ai connu Zette, dont je parlerai plus tard.

Max et moi allions toujours à l'école, je travaillais beaucoup car pour moi la seule façon de continuer était de réussir le concours. Je savais qu'en cas d'échec, mes Parents ne m'enverraient pas au lycée, qui d'ailleurs fut interdit aux juifs l'année suivante. Max préparait le certificat d'études qu'il réussit en fin d'année scolaire. Ouf ! pour lui. Il n'aimait pas du tout l'école.

C'est au courant de cette année 41 que je rencontrais Huguette B. Pour la première fois de ma vie j'avais une amie. Amitié qui dura jusqu'à son mariage. Grande, sportive, délurée ; elle était bonne en maths, moi en français. Nous allions l'une chez l'autre faire nos devoirs. Nos chemins se sont croisés ainsi durant quelques années, jusqu'à son mariage, avec un arrêt lorsque nous nous sommes cachés vers la fin de l'année courant 43. Notre amitié, bien que courte par rapport à une durée de vie, fut forte et sincère. En 1942 elle partit avec ses Parents habiter près d'Orléans mais nous avons entretenu pendant quelques années une belle correspondance. En 1943 pendant les grandes vacances, elle m'invita chez ses Parents. La famille était modeste et accueillante. Les souvenirs ne manquent pas, randonnées en bicycles, chapardage de pommes dans les champs. Mais ce dont je me rappelle surtout ce sont ces après-midi où elle allait suivre ses cours de danse moderne à Orléans, notamment le swing acrobatique. Son sport favori était l'athlétisme, pour tout cela je l'admirais. Nous allions de chez elle à Orléans en bicyclette, moi sur le porte bagage !

Nous avons passé en même temps le concours d'entrée à l'école de la rue Carré à Levallois mais notre orientation fut différente, ayant le choix grâce à mon classement, j'entrais en commercial elle, en général. On appelait ainsi les deux différentes sections. J'avais le choix, elle ne l'avait pas, son classement n'était pas suffisant. La différence des sections comprenait pour la commerciale un surplus de travail puisque en plus du programme général, nous avions des cours de sténo-dactylo, compta. gestion. Nous quittions l'école à 17h30 au lieu de 15h30 ce qui me fit parfois regretter mon choix. Malheureusement, avec les événements qui suivirent, je n'eu pas à regretter longtemps…

Cet été 1941 Huguette me proposa d'aller en vacances pendant le mois d'août dans une petite pension où elle allait depuis longtemps. Maman accepta. C'est là que je fis connaissance avec la religion et ses hypocrisies. Mais j'amplifiais tous les travers que j'observais n'acceptant pas la discipline de l'esprit à laquelle je n'étais pas habituée qui me rebutait que je trouvais injuste. Ce pensionnat était dirigé par une demoiselle entre deux âges comme on dit et qui entreprit de m'initier à la religion puisque j'avais l'âge de la communion et que je ne connaissais rien. J'étais rebelle. Huguette me calmait, me rassurait, ne comprenait pas mon comportement. Elle était d'un milieu social modeste, non pratiquant mais tout de même ne détestait pas les prières qui ne pouvaient pas faire de mal selon elle. Elle était servie : Prière avant chaque repas, prière à la fin pour remercier d'avoir mangé, prière le soir au lit pour remercier encore et se faire pardonner les péchés de la journée. Prières à l'infini pour un oui ou pour un non. Pour remercier ou pour punir ! Je réfutais toutes ses "simagrées". Je commençais à avoir mauvais caractère ce qu'on me reprochait. A la maison, être auprès de Maman (ce que j'avais tant désiré) ne remplaçait pas l'insouciance, les gâteries et l'affection qu'avaient les jeunes de mon âge et que je ne connaissais pas. Je n'étais pas heureuse, introvertie, je me renfermais dans mes petits problèmes et mes manques. De toute façon personne ne m'aurait écoutée, la vie pour tous était difficile et devenait dangereuse.

Maman avait écrit à Mlle X qu'elle était d'accord pour, qu'éventuellement je demeure pendant l'année scolaire à venir. Huguette, elle, repartait fin août. Alors je commençais les sottises. Nous devions par exemple, ramasser des petits cailloux à chaque bonne ou mauvaise action (voire même si nous en étions capable, pensée). Un pot était réservé aux bonnes actions, un autre aux mauvaises. Je remplissais les pots n'importe comment et c'était sacrilège. Je faisais le pitre dans le dortoir des petites où j'avais été transférée en effrayant les pauvres gamines. Un jour de plus grandes bêtises, je fus punie mais surtout humiliée. Au déjeuner de midi dans le réfectoire, cette délicieuse demoiselle me fit monter sur une chaise placée tout au bout de la longue table face au "public" informant "l'assemblée" de mon indiscipline elle supposait que j'avais le diable dans le corps. Ce qui fit probablement sourire les plus grandes (maximum 14 ans !) mais pouvait effrayer les petites. J'étais humiliée et très malheureuse, mais je ne cédais pas. Yvette me consolait le mieux possible et me faisait en même temps la morale.

Enfin je pris une décision, je ne voulais pas rester dans ce pensionnat toute l'année mais comment le faire savoir à Maman qui me croyait contente. Nos lettres étaient lues, devaient être gentilles, pleines de beaux et bons sentiments. Les passages douteux étaient à recommencer, quelquefois dictés. Elles étaient cachetées devant la directrice, rien à faire ! Une idée géniale me traversa l'esprit. A la cuisine travaillait une petite paysanne qui me paraissait un peu simplette. Je "concoctais" donc un petit stratagème. Je pensais aller la trouver et lui demander si elle voulait bien me mettre une lettre à la poste en cachette. En échange je lui donnerai tout mon argent de poche. Elle accepta. J'écrivis donc une lettre atroce dans laquelle j'exagérais beaucoup tous les petits détails qui étaient tout de même supportables. Je décrivais la "Mademoiselle", directrice, comme un vilain gourou, méchante et injuste ce qui était très exagéré. Enfin, la petite cuisinière prit mes quelques sous et donna ma lettre à la directrice. Quel scandale ! J'étais vraiment irrécupérable. Je fus renvoyée dans les deux jours qui suivirent et de quelle façon ! Cette âme charitable, sans prévenir Maman, me mit dans le train, avec ma valise en l'ayant fouillée auparavant, dernière humiliation. Elle me donna tout de même de quoi acheter un ticket de métro… Heureusement j'étais depuis mon plus jeune âge habituée à me débrouiller seule. Quelle ne fut pas la surprise de Maman lorsque je sonnai à la porte de la maison. Je lui racontai tout et l'histoire s'arrêta là. Quant à moi j'ai tout de même gardé le souvenir d'un joli petit village dans la Sarthe que nous traversions en rang et en chantant pour aller à la messe.

Il faisait beau cet été là, j'avais 13 ans !... tout juste. Nous étions au mois d'août. Nous étions dans la première année d'occupation, bien qu'inquiets pour l'avenir, nos Parents n'imaginaient pas encore à quel point ce qui adviendrait par la suite serait dramatique. Mon Père répétait souvent que les "bôches" n'oseraient pas inquiéter les juifs français, surtout les anciens combattants (grosse erreur). Bien des juifs français furent arrêtés par la suite.

En revenant brutalement du "foyer d'accueil de la jeune fille", nom du (gentil) pensionnat, je fus éberluée. Plus de salle à manger, plus de parquet, plus de vitres aux fenêtres. Il ne restait que des meubles cassés, de la vaisselle brisée. Nous traversions la salle à manger en équilibriste sur les poutres. Une explosion formidable avait tout fait sauter dans la pièce, elle avait été paraît-il provoquée par un court-circuit entre le gaz et l'électricité, vieille installation sous le plancher. Ceci expliqué par l'expertise de l'assurance qui ne donna aucun dédommagement, mon Père n'ayant pas payé les permis d'assurance depuis l'exode. Un plancher provisoire fut sommairement installé et ce qui était récupérable récupéré. Maman pleura. Un peu plus tard, lorsque l'avenir s'avéra dangereux mes Parents vendirent tout ce qui était vendable. Quelques beaux objets de valeur qui décoraient l'ancien bureau de mon Père avec la très belle bibliothèque (décorative) dont les livres étaient reliés cuir et gravés C.F. La chambre à coucher que Maman aimait tant… et tout le reste. Maman pleura encore… C'était son passé heureux qui s'enfuyait…

Tout de même, Maman avait préparé quelques caisses contenant du linge de maison, de l'argenterie et autres objets auxquels elle tenait beaucoup, puis les avait confiées à des amis non-juifs afin qu'ils les gardent jusqu'à la fin de la guerre, où complètement si nous étions arrêtés. Mesdames Ribaud, Boy, Mirc le firent très amicalement. C'est pourquoi nous avons encore quelques souvenirs de famille ! Car c'est durant ces deux premières années de l'occupation que l'on pouvait connaître les véritables amis.

Pendant l'été 1939 en faisant son marché, Maman fit la connaissance d'une femme bien embarrassée, elle n'arrivait pas à s'expliquer avec la marchande qui mettait beaucoup de mauvaise volonté, la cliente étant allemande et ne comprenant pas le français. Maman servit d'interprète et comprit qu'elle était juive. Elle lui proposa de lui venir en aide par la suite si le besoin s'en présentait. C'est ainsi que se forma une amitié entre deux familles pour peu de temps hélas. Le Père (car ils avaient un fils de l'âge de mon frère Max) Mr. Hosks était un juif allemand (depuis plusieurs générations) ancien combattant de la guerre 14-18, décoré de la croix de fer, équivalence de la médaille militaire française. Les deux combattants patriotes ennemis dans leur pays devinrent amis. Les uns et les autres s'invitaient mutuellement, tout le monde parlait aussi le yiddish… Il était toujours question du passé, du présent et du futur que Mr. Hosks prévoyait épouvantable si les Allemands arrivaient en France. Il parlait des arrestations des juifs en Allemagne, conseillait de quitter Paris, fuir quelque part à la campagne, voire à l'étranger. Ils étaient arrivés à Paris plein d'espoir et pensaient peut-être fuir à nouveau. Ce qu'ils firent deux ans plus tard au cours de l'année 41-42. En attendant, leur fils allait à l'école avec mon frère Max, il était très intelligent, apprenait vite et bien.

De cette petite famille, le fils Arnold (c'était son prénom) fut le seul survivant. En effet, ils partirent pour "quelque part en France", en zone encore libre à ce moment-là. Elle ne le fut pas longtemps. Les Allemands l'occupèrent rapidement. C'est un jour de 1945 qu'Arnold sonna chez nous. Il nous expliqua l'arrestation de son Père fusillé sur place par les allemands. Sa Mère et lui avaient pu s'enfuir à travers bois, ils avaient erré quelques temps puis sa Mère était morte. Alors il avait travaillé dans une ferme isolée où on ne lui posait pas de question, les hommes manquaient pour les travaux durs à cette période. Il passait chez nous, les seules personnes qu'il connaissait un peu en France pour nous dire au revoir. Il avait décidé de partir pour l'Amérique. Il avait beaucoup grandi, vieilli aussi. C'était un jeune homme devenu dur, curieusement je le trouvai très allemand. Papa lui proposa de l'aider, il refusa. Il s'embarqua pour l'Amérique, nous n'avons plus jamais eu de ses nouvelles.

Beaucoup de gens sont passés ainsi dans ma vie, mais des amis disparus, partis ailleurs ou morts, des amitiés perdues, je me souviens toujours de tous ceux qui ont été les témoins de mon adolescence, de cette période si difficile à raconter, si trouble, si triste, si terrible.

Dès le printemps 41, on commençait à entendre parler de la question juive. Ce n'était pas encore les rafles mais certains juifs étrangers étaient convoqués au commissariat afin de présenter leurs papiers, ils s'y rendaient naïvement.

Voyons ! La police française n'allait pas les arrêter. On ne les revoyait plus. Au début, ils étaient "parqués" au camp de Pithiviers où ils restaient quelques temps avant de partir pour une "destination inconnue", expression très employée, aucun juif n'imaginait l'atrocité des camps. Puis il y eut le camp de Drancy administré aussi par des français mais sous le contrôle de la gestapo.

Et c'est au début de l'année 42 que commencèrent les premières déportations. Ma tante Anna (sœur de Papa) internée à Drancy en fit partie. Elle avait été arrêtée en rentrant chez elle où la police française venait d'entrer. Nous avons su cela plus tard par sa concierge.

La vie continuait cahin-caha, nous étions au début de l'année 42. J'allais à l'école, je faisais le maximum d'efforts pour bien travailler malgré l'ambiance familiale. Mes Parents discutaient toujours, envisageaient peut-être de partir, mais où ? Mon Père avait son travail au Comité qui nous faisait vivre et surtout manger. Il nous croyait assez en sécurité avec ses faux papiers. Il s'appelait Fourcade quoi de plus français ? Mais au comité en général tout le monde l'appelait "Papa Fleisch".

Papa, voilà un mot de la langue française que chacun prononce toute sa vie, cependant lorsque mon Père était revenu d'exode, je l'avais si peu connu que je n'arrivais pas à prononcer ce mot. Au rituel du soir lorsque je me retirais dans ma chambre, sur le pas de la porte de la salle à manger, je disais timidement "au revoir Monsieur". Je n'embrassais mon Père qu'une fois par an, lorsque j'étais à la maison, pour le jour de l'an. Cela m'ennuyait beaucoup, je craignais que cela lui déplaise. Je le connaissais si mal, c'était faux évidemment du moins je l'espère. Un soir j'étais déjà couchée Maman entra dans ma chambre et m'expliqua que cela n'était pas normal de dire Monsieur à son Père, il fallait l'appeler Papa. Je fis un gros effort et tout devint naturel avec le temps.

Mon frère Max qui avait enfin obtenu son certificat d'études travaillait comme apprenti à *Central motor* pour apprendre la mécanique automobile. C'était une petite industrie automobile installée dans le quartier. Il aimait le travail manuel, cela lui convenait parfaitement. Le soir après avoir fait mes devoirs, je travaillais avec mon Père, nous remettions au propre les comptes et la gestion de ses stocks au Comité. Il voulait pouvoir bien les présenter si nécessaire. Ce n'était pas évident car la marchandise partait pour ravitailler la résistance, parfois un camion entier. Je ne savais pas ce dont il s'agissait. Mon Père prudent, notait les noms des personnes qui donnaient les ordres. Cette comptabilité secrète restait à la maison. Cela dura jusqu'à ce que nous nous cachions Maman et moi rue des Dardanelles. Mais tout alla si mal par la suite, je pense que mon Père abandonna cette double comptabilité.

A l'école avant la récréation du matin on nous distribuait des petites pastilles vitaminées et deux biscuits (dits biscuits de soldat) assez gros et assez fades. Toutes les filles avaient faim et cette distribution était attendue. Les restrictions devenaient de plus en plus sévères. Mais nous avions à la maison cette chance inouïe d'être pourvus en denrées essentielles, Papa rapportant du Comité ce qu'il pouvait. Aussi, je donnais discrètement mes biscuits à ma voisine Jacqueline C., mon Amie, qui le resta bien des années après la guerre, longtemps après la naissance de nos enfants. Elle rompit cette belle amitié je ne sais pourquoi. Je pense qu'elle a eu des problèmes psychologiques assez sérieux. Dommage.

J'avais, à l'école, une autre amie (on n'employait pas le mot copine à l'époque, c'était jugé ordinaire, on disait alors camarade). Je dirai donc qu'Yvette, c'était son prénom, était une camarade. Avec Yvette je passais toutes mes récréations. Elle était passionnée de cinéma, y allait chaque semaine avec ses Parents. La récréation durait un quart d'heure. Durant ce quart d'heure nous nous promenions dans la cour, bras dessus, bras dessous, elle me racontait en détail tous les films qu'elle voyait ; J'étais au cinéma… quel suspens le matin, j'attendais impatiemment la récréation de l'après-midi. C'était une excellente conteuse. Notre amitié s'arrêtait là, je ne l'ai pas oubliée cependant. Elle me sortait de la difficulté du présent à vivre et me faisait un peu rêver. Je n'avais que treize ans et demi, malgré la guerre et les difficultés je pouvais aussi comme toutes les petites filles de mon âge monter dans les nuages…

Après la récréation deux fois par semaine nous avions cours de gymnastique. Notre professeur, jeune femme peut-être d'une quarantaine d'années, dynamique, était probablement antinazi (je ne m'en rendais pas compte à l'époque). Nous devions en rangs deux par deux tourner autour de la cour en chantant obligatoirement la chanson du maréchal Pétain : "Maréchal, nous voilà, devant toi le sauveur de la France, nous jurons nous p'tits gars de servir et de suivre tes pas" etc. A la place elle nous avait appris un chant révolutionnaire dont nous ne réalisions pas toute la portée mais que nous hurlions à tue-tête : "Je te salue, ô terre hospitalière où le malheur y trouva protection, d'un peuple LIBRE arborant la bannière, je viens fêter la constitution…" Le chant se terminait par ce cri répété deux fois : "JE SUIS LA LIBERTÉ, LA LIBERTÉ." Elle nous rendait toutes enthousiastes, mais nous n'étions qu'au début de l'année 1942. Ce chant fut interdit et nous avons repris la chanson du maréchal !

Les cours de gymnastique ont toujours été pour moi une contrariété, non pour l'effort physique mais pour la pudeur. Déjà je me trouvais "moche". Le port du short était obligatoire. Je portais depuis toujours un bandage car j'avais une hernie de naissance, déficience congénitale puisque mes deux frères avaient la même infirmité, mais eux avaient été opérés jeunes puisque paraît-il c'était plus grave pour les garçons… enfin ! A la campagne personne ne m'obligeait à porter cette horrible ceinture mais à la maison Maman était très stricte. Donc la lanière de cuir passait derrière la cuisse j'étais très gênée et complexée devant les filles pour monter à la corde lisse et montrer ce que je considérais alors comme une infirmité. La discipline était sévère, nous n'étions que très rarement dispensées de culture physique. Pour si peu, pas question. D'ailleurs, je n'aurais pas osé ennuyer Maman pour cela. J'ai été opérée de ce handicap après la guerre.

Cette année 1942 fut riche en nouveaux amis. Un jour mon Père amena pour déjeuner à la maison une jeune femme d'environ trente à trente cinq. De physique agréable, sans être belle, taille moyenne, mince, brune aux cheveux courts et frisés, yeux noirs. Elle me paraissait typée et pourtant elle était de pure souche française. Pour moi ce fut le coup de foudre de l'amitié. Elle fut certainement la plus grande, la plus sincère, la plus enrichissante amitié de ma vie. Je n'avais que treize ans et demi, j'étais timide, introvertie ceci dû certainement à l'indifférence de mes proches. Zette était mon contraire. Intelligente, volubile, autodidacte, elle était cultivée. Elle me parlait d'égale à égale malgré notre différence d'âge, attentive à mes idées qu'elle me poussait à exprimer. Je peux dire qu'elle a été mon "maître à penser". Avec elle je commençais à dégourdir mon esprit, lire devint ma passion. Elle me prêtait ses livres, m'expliquait les auteurs qu'elle aimait et pourquoi. Je pensais devenir petit à petit intelligente… Aucun adulte avant elle n'avait discuté avec moi en tenant compte de mes idées ou plus simplement de mes goûts.

Zette travaillait au Comité quinze jours par mois avec d'autres femmes de prisonniers. C'était un privilège qui leur était accordé. Elles étaient salariées et surtout, de la sorte pouvaient manger à leur faim. Rien ne manquait pour les prisonniers, enfin pour les simples soldats dans les stalags, car les officiers des oflags ne recevaient rien. La discipline pour eux était beaucoup plus sévère. Le mari de Zette, légèrement plus âgé qu'elle, était, avant la guerre, employé à la société hippique qui se trouvait alors rue Brunel dans le 17ème arrondissement. Secrétaire il organisait les concours, par ce travail il côtoyait l'aristocratie tant à Paris qu'à Deauville et ailleurs. Zette travaillait alors avenue de la Grande Armée dans le même quartier. Leur rencontre avait été toute simple, ils s'étaient mariés très jeunes et n'avaient pas d'enfant à la déclaration de guerre.

J'allais parfois au Comité où je trouvais une ambiance totalement différente de la vie extérieure. Les femmes travaillant à la préparation des colis étaient toutes épouses de prisonniers, mais la gaieté l'emportait souvent, ici, sans l'occupant. Tout le Comité avait été transféré du 105 boulevard Pereire devenu trop petit, dans un très bel hôtel particulier de la rue Ampère : Trois étages, une très belle cour pavée dans la continuité du hall donnant sur la rue. L'escalier somptueux desservait les trois étages où anciennes pièces de réception et chambres étaient du sol au plafond remplies de marchandises. Dans la cour, d'anciennes écuries servaient aussi de réserves. En tout certainement des tonnes de denrées que mon Père gérait seul et dont le contrôle, je crois, dépendait de la Mairie de Paris. Où étaient les propriétaires de cette magnifique demeure ? Je ne me suis jamais posé la question. Aujourd'hui à cet emplacement s'élève un immeuble.

Vers ce printemps 42, dans les milieux juifs on s'inquiétait beaucoup. On entendait parler arrestation, plus tard ce fut déportation. Maman, terriblement soucieuse, commençait vers cette époque à souffrir de la hanche, elle n'attachait pas trop d'importance à sa santé dans la situation générale tellement inquiétante. C'est aussi en ce printemps 42 que fut prescrite par les allemands l'ordonnance du port de l'étoile jaune. Nous devions nous présenter personnellement pour obtenir les deux étoiles obligatoires qui revenaient à chacun. Mon Père, que les expériences de la vie avaient rendu prudent, décida que nous irions séparément. En cas d'arrestation c'était plus prudent. Il s'y rendit en premier, trouva la situation calme. La distribution, sur présentation de la carte d'identité tamponnée "JUIF" était faite par des français indifférents. Chaque employé assis derrière une petite table, son paquet d'étoiles posé sur le côté, mettait un coup de tampon, totalement indifférent, aveugle devant la personne souvent anxieuse et craintive. De vrais bons fonctionnaires français ! Quant à moi, je ne me rendais pas encore compte du danger, pour certains, du malheur d'être juifs.

A la maison, la vie continuait encore simplement. Madame Dupuis venait faire la lessive les lundis et mardis. Madame Ribaud venait encore une fois par semaine faire la couture de mercredi. En rentrant de l'école, je me faisais toujours une joie de la trouver travaillant, pédalant sur la machine à coudre. Nous nous entendions à merveille. J'avais pour celle que je connaissais depuis ma toute petite enfance, beaucoup d'admiration, ses doigts agiles, sa gentillesse, sa douceur. Nous avions une certaine complicité. Je n'avais pas les mêmes goûts que Maman, souvent elle acceptait de me faire plaisir en rendant plus mettables, les vêtements transformés qui avaient été portés par mes frères.

C'étaient le commencement de la pénurie on ne trouvait plus rien sur les marchés ni dans les boutiques vides. Je me souviens d'un pardessus de collégien, bleu marine classique, boutons dorés, double boutonnage. Il avait appartenu à mon frère Maurice. Enfin c'était très garçon ! Maman me voyant par la fenêtre, j'arrivais de l'école, me dit un jour avoir eu un choc, croyant voir mon frère Maurice. Bizarrerie, puisque mon frère avait vingt et un ans ! Le manteau, les bottines, me rendaient honteuse, on est un peu bébête à treize ans et c'est tant mieux, cela fait encore partie de l'insouciance, ces choses sans importance. Malheureusement je compris trop vite la dureté de la vie. Tout de même les bottines c'était dur de les porter, pour me consoler mon Père me les faisait briller tous les matins. Elles étaient noires, usées, très montantes et lacées jusqu'à mi mollet. En réalité, je n'allais pas dans un lycée du seizième et les filles de ma classe étaient toutes plus ou moins mal fagotées. Cela ne me rendait pas pour autant élégante et accentuait ma timidité.

J'avais mauvais caractère, c'est vrai. Complexée pour des raisons qui n'en étaient pas, entêtée, solitaire ma tendance allait tout naturellement vers le "niet". Mais l'époque n'était pas à la psychologie, ni ou pourquoi ? J'étais encore souvent punie lorsque mon insolence dépassait les bornes pour mes Parents, je recevais une belle gifle. Je n'en suis pas morte !... C'était mérité. J'avais horreur de tout ce qui était d'ordre ménager, attitude inconcevable pour Maman puisque j'étais une fille. Et pourtant... cela m'a dressée pour l'avenir. J'ai été une bonne maîtresse de maison !... Oh joie ! ...

Voici comment je fis connaissance avec la famille BOY, ou plutôt ne fit pas connaissance ce jour-là. Un soir alors que j'étais punie, mes Parents recevaient pour la première fois M. Mme et leur fille Emilienne d'environ un an ma cadette. Les deux familles s'étaient rencontrées chez des amis communs. Je devais donc rester dans ma chambre, ce qui me convenait parfaitement. Cependant je regrettais de ne pas faire connaissance de la fille. Par rébellion, j'avais fermé ma porte à clef et je m'étais lancée dans un devoir difficile en géographie. J'étais nulle en dessin et je devais faire une rose des vents compliquée, je l'avais déjà recommencée deux fois. J'entendais les discussions dans la salle à manger. Vers 22 heures la punition fut levée et Emilienne vint gentiment frapper à ma porte, elle avait hâte, disait-elle, de me connaître. Moi aussi j'aurai bien aimé la voir mais j'étais fière et rancunière. J'étais punie, je resterai punie. La porte resta fermée et je m'acharnais à nouveau sur mon compas.

Plus tard, elle fut mon amie pendant quelques années. Plus grande que moi, très jolie avec ses yeux verts, son regard effronté, sûre d'elle-même, admirée par son entourage, elle était mon contraire. Élevée librement, gâtée, chouchoutée. Intelligente, elle avait du talent. Sa Mère originale dans l'éducation qu'elle lui inculquait, certifiait que l'école n'était plus nécessaire à douze ans et lui faisait donner des cours d'anglais, d'allemand et de piano. Elle préparait le conservatoire, se débrouillait déjà très bien dans les deux langues. Après la guerre, très jeune, elle entra chez *Dior*, je crois que c'était encore Jacques

Fath le grand couturier, où elle contacta la clientèle aristocratique mondiale. Elle se maria avec un étudiant en médecine, eut un fils. Elle vint me voir, après la naissance de Titou, aux Gobelins chez le Dr. Camil qui lui fit la cour et qu'elle affubla de Tartuffe. Je l'ai totalement perdue de vue lorsque nous avons eu chacune des bouleversements dans nos vies en 1955.

Le couple Boy était vraiment original. Tous deux se connaissaient depuis leur petite enfance. Vaguement cousins, natifs de la campagne, elle se comportait plutôt en mère qu'en épouse. De son mari plus jeune qu'elle, elle disait qu'elle le connaissait tellement puisqu'elle l'avait élevé au biberon ! On ne savait si cela était vrai ou plaisanterie. Comment étaient-ils arrivés à Paris, pourquoi habitaient-ils un si bel appartement au 42 avenue Niel ? Aucune importance, personne ne posait de questions. Monsieur, d'un naturel bon enfant, toujours rigolard, avait une entreprise de camionnage qui, faute de carburant et de réquisitions, ne fonctionnait presque plus. Plus petit légèrement que son épouse, un peu rondouillard, joufflu à la mine plaisante, il donnait bien l'impression de se laisser vivre. Madame, malgré ses cinquante ans était une belle femme, mince, grande, élancée, je dirai majestueuse. Toujours vêtue d'une longue cape marron, de bottes assorties, elle marchait toujours très droite fièrement, la tête haute tournée vers le ciel. La peau de son visage émacié, lisse, sans rides, n'avait jamais connu d'ablutions. Elle avouait ne jamais se débarbouiller qu'avec de l'huile d'amandes douces. De caractère émotif, elle riait et pleurait avec beaucoup de sincérité, souvent sur des situations assez banales qui ne la concernaient en rien. Enfin, le principal : elle avait un cœur d'or.

Maman et Mme Boy devinrent vite de très bonnes amies. Nous allions souvent chez les uns et les autres. Leur mode de vie était particulièrement bohème dans le bel appartement. Dans le salon trônait un magnifique piano à queue, possession d'Emilienne. Mais l'originalité était la présence de Titi. Titi était une poule qui vivait librement au milieu de la famille, vaguement dressée, ayant le droit de faire cot cot et caca partout y compris lorsque l'envie lui prenait de voler sur le piano pour y déposer son souvenir. Enfin Titi pondait à la cuisine où elle avait son coin, chaque jour un œuf et là on s'extasiait. Un œuf valait de l'or en barre...

Pendant l'été 42 je fus invitée pour aller passer quelques jours dans leur ferme exploitée par des paysans. On emmena dans le train la Titi dans un petit panier pour lui faire prendre l'air. Hélas un malheur arriva. Un jour Titi, que Madame B. avait lâché dans la nature pour la distraire un peu, disparut. Elle se perdit ou fut kidnappée et passa peut-être à la casserole. On chercha Titi pendant deux jours. On pleura beaucoup dans la famille mais le beau piano et les fauteuils recouverts d'Aubusson de l'avenue de Niel prirent un air plus respirable.

La famille chez qui mes Parents s'étaient rencontrés était partie en zone libre et avait confié à Mme Boy deux grandes caisses de vêtements et objets car elle possédait à Levallois un grand magasin de vêtements pour hommes, femmes, enfants. Durant la grande pénurie qui débuta vraiment en 42, elle distribua gratuitement aux amis manteaux, robes etc. appartenant à ladite famille. Je reçus de la sorte un manteau tout neuf, à ma taille, élégant, qui remplaça la capote de collégien de mon frère Maurice. Mon Père reçut un jour en cadeau une très belle écharpe. Lorsque après la libération la famille X rentra à Paris il ne restait plus rien de tout ce qu'ils avaient confié à Mme B. Elle avait tout distribué généreusement. C'est seulement à cette époque que nous avons appris la provenance de nos cadeaux, mes Parents en furent très gênés. Je suis certaine que tous ces gestes étaient généreux et gratuits, spontanés pour faire plaisir simplement. Mais les personnes qui revenaient chez elles et ne retrouvaient plus rien voyaient cela différemment. Les deux familles se fâchèrent.

Les saisons durant les quatre années d'occupation allemande ont été très marquées par des hivers glacials et des étés très chauds ; du moins j'en ai gardé ce souvenir. Il gelait fort cet hiver là en 42 et le charbon manquait. Beaucoup de parisiens avaient froid, se plaignaient de rhumes interminables et d'engelures. Nous étions solides, nous les enfants élevés à la dure à la campagne, tout de même un avantage. L'ambiance très triste, Paris dans le noir, sans lumière ni dans les rues, ni dans les maisons les vitres des fenêtres complétement opacifiées par du papier ou parfois de la peinture.

Les juifs restaient chez eux peureux, ils se posaient des questions. Allait-on tous les arrêter ? Mon Père qui croyait encore en l'espèce humaine disait "non, pas les français, surtout pas les anciens combattants." Il se trompait. Pour tous les juifs sans exception, les lois draconiennes furent les mêmes, et appliquées par les français en général avec beaucoup de zèle. Avec le port de l'étoile jaune (qui devait être solidement cousue) pas moyen de tricher. L'accès aux magasins était réglementé pour les juifs à des horaires autorisés, il ne restait plus rien. Certains n'ont pas respecté ce règlement, alors le marchand qui risquait une sanction refusait de servir. La maison ne désemplissait pas d'amis et de la famille, à chaque repas il se trouvait presque toujours une personne supplémentaire à table. La faim rend sans-gêne, on le comprend. Puis il y avait la peur qui fait se resserrer les liens.

La famille Brodsky (ma tante était la sœur ainée de mon Père) était cachée rue Anatole France à Levallois. Ils avaient quitté leur pavillon à Colombes après l'arrestation de mon cousin Felix leur plus jeune fils âgé de vingt ans. Dénoncé par un de ces anciens camarades de lycée, jaloux de ses performances scolaires alors qu'ils étaient tous deux au lycée. Mon cousin sortait sans porter l'étoile. Un jour, sortant du pavillon pour aller chez le dentiste, il fut arrêté par deux français. Un habillé en allemand faisant partie de la LVF (légion des volontaires français), l'autre en civil probablement un policier français. Des voisins avaient vu la scène et raconté aux Parents. On ne le revit jamais. Son frère Maurice âgé de vingt-huit ans pilote de chasse pendant la guerre mourut bêtement à la même époque, sur une table d'opération à l'hôpital Bichat où il avait été transporté en urgence. Personne ne sut jamais ni pourquoi, ni comment. Cette pauvre Tante qui avait déjà perdu son fils aîné dans un accident de voiture, accusa courageusement ses chagrins. Elle vécut très âgée avec ses souvenirs.

Je fis aussi cette année-là la connaissance d'Alice (parente par alliance de Maman) et de sa fille Lucienne âgée d'environ 17 ans. Lucienne était très timide, ne parlait pas. Alice, sa Mère, attirait davantage mon amitié malgré sa surdité. Je la sentais beaucoup plus proche. C'est après la guerre que Lucienne devint mon Amie. Alice m'invitait chez elle, rue Chapon, en même temps que sa fille. Lorsque je la revis pour la première fois en 1945 elle avait déjà son premier bébé. Dans notre amitié, je donnais beaucoup plus que je ne recevais. Normal, elle était heureuse, moi pas. Il y eut des accrocs dans notre amitié, mais c'est ainsi aucun sentiment ne peut être trop entier, trop parfait. Ne s'étant pas déclarées en tant que juives ayant eu la chance de passer au travers d'éventuelles dénonciations, elles vécurent l'occupation comme la majorité des français. Lucienne ne faisait pas d'études, elle travaillait en tant qu'apprentie dans une fabrique de chapeaux. Près de cet atelier était installé son futur mari. C'est ainsi qu'ils se connurent. Je pense qu'elle a été heureuse un bon moment de sa vie. Elle avait, elle a d'ailleurs toujours, un caractère très optimiste.

Nous allions vers l'été 42, l'année scolaire se terminait sans histoire pour moi.

Quant à Max, il travaillait toujours à *Central motor*. Mon frère Maurice avait rencontré son amie Marcelle qui devint après la guerre son épouse. Ils vivaient ensemble. Le mari de Marcelle était prisonnier de guerre, elle avait une petite fille d'environ six ans qui était en pension. Plus âgée que mon frère d'une quinzaine d'années, cette situation était loin de réjouir mes Parents. Il y eut à ce sujet bien des discussions. Mais bientôt tout le monde apprécia qu'il puisse aller se cacher dans la petite maison que Marcelle avait héritée de sa Mère, à Paray-vieille-Poste. C'est dans cette maison qu'il demeura jusqu'à la libération. Marcelle, qui travaillait toujours dans notre quartier, allait le retrouver chaque soir. Nous avions aussi des nouvelles.

Dans le courant de l'été 42 eut lieu la rafle du "Vel' d'Hiv" qui créa dans le milieu juif une véritable panique. C'était le début de nombreuses arrestations, l'angoisse, la peur dominaient chez tous les juifs qui déjà étaient cachés. Mon Père fut très actif, souvent il ravitailla comme il put sa famille, ses amis. Il avait abandonné son bénévolat de chef d'îlot qui l'obligeait à chaque alerte à se rendre à l'abri désigné pour surveiller et, éventuellement procéder à l'évacuation de personnes. On apprit très vite l'arrestation de certains juifs français, des familles entières avec enfants. Toutes ces personnes étaient "parquées" dans des camps à Drancy ou à Pithiviers. Parfois nous recevions une carte qui disait simplement : "demain nous partons pour une destination inconnue." Personne ne soupçonnait alors l'horreur des camps.

Mon Père avait fort heureusement, de part l'époque des taxis, conservé plusieurs amis à la Préfecture de police. Presque toujours, l'un d'eux pouvait, lorsque les rafles avaient lieu la nuit, envoyer une estafette suivie d'un "ausweis" (laissez-passer) pour nous prévenir. Il ne connaissait pas les noms figurant sur la liste mais savait que les rafles commençaient deux heures environ après. C'est alors qu'en pleine nuit, bien des fois, nous sommes allés finir la nuit chez des amis et voisins qui habitaient au n°1 de la rue Carnot à une trentaine de mètres près de chez nous. Ces amis réveillés à deux ou trois heures du matin nous accueillaient toujours chaleureusement Maman et moi. Monique de deux ans mon aînée, leur fille qui devint aussi ma "copine" cédait sa chambre et son lit à Maman. Elle allait terminer la nuit dans le lit avec ses Parents, quant à moi je dormais dans un fauteuil. Papa et mon frère partaient dans la nuit en longeant les murs, jusqu'à la rue Ampère, au Comité ou Papa avait une chambre sous les combles. Mon Père avait aussi un "ausweis" donné par le comité avec ses faux papiers au nom de Fourcade, mais je pense qui si malheureusement il avait été arrêté... Nous avons, de ce côté du moins, tous eu de la chance. Le DESTIN.

C'est vers cette époque que Maman commença à souffrir de la hanche. On pensait rhumatisme. Les médecins commencèrent à défiler à la maison. Médecins juifs qui travaillaient encore en cachette pour survivre et que mon Père lorsqu'il le pouvait payait en boîtes de sardines ou autres denrées. Ils ne pouvaient pas faire d'ordonnance mais l'aspirine calmait un peu les douleurs. Maman commença à boiter, on pensa décalcification. Toujours l'aspirine. Puis on essaye les massages. Un kinésiste vint régulièrement pendant un certain temps plusieurs fois par semaine. C'était un aveugle. Les premières fois, j'allais à sa rencontre vers le passage Moitrier qui se trouvait face à notre maison, ce qui permettait d'apercevoir les personnes arrivant de la porte Champerret. Ce passage en terre battue était très caillouteux, difficile pour un aveugle, mais à la troisième visite il me dit qu'il n'était plus nécessaire d'aller à sa rencontre. En effet il se dirigeait parfaitement, même dans la maison. Je le trouvais surprenant et vraiment sympathique. Il fit pour Maman tout ce qu'il put mais sans aucun résultat. Maman souffrait toujours autant, elle supporta courageusement sans se plaindre les douleurs physiques qui s'ajoutaient aux douleurs morales et aux très grands soucis quant à l'avenir. Son visage devint sévère. Elle ne riait plus, ne chantait plus.

Nous avions aussi envisagé en cas de "surprise" imprévue, une fuite par les toits que nous connaissions très bien. Dans un grand périmètre autour de la maison les toits étaient à hauteur d'un étage. Ainsi en sautant de toit en toit par l'arrière de la maison, nous pouvions arriver jusqu'à une rue voisine à environ cinquante mètres de notre maison. Cet exercice aurait été très périlleux pour Maman, heureusement nous n'avons jamais eu besoin de la mettre à exécution. Encore la chance…

L'atmosphère dans la maison était devenue pour moi très difficile à supporter. Mon caractère déjà rébarbatif et plutôt agressif : ces deux vilains défauts prirent de l'ampleur. Je répondais, on me demandait trop d'efforts. Toujours moi parce que j'étais une fille. Astiquer les casseroles, plier le linge, éplucher les légumes (lorsqu'il y en avait) etc. Je ne me souviens pas que quoi que ce soit ait jamais été demandé à mon frère. C'était le principe de l'époque. Certainement je devenais méchante à la maison. Je ne me plaisais qu'à l'école où j'avais de bonnes camarades et une amie, ma voisine de table que j'ai suivi plus tard un moment dans la vie Jacqueline C. Nous revenions toujours de l'école ensemble, un bout de chemin, nous nous arrêtions un long moment au coin de sa rue avant de nous quitter pour continuer des discussions intarissables.

Notre amie Zette commençait à venir souvent à la maison, j'ai déjà expliqué notre amitié, combien je l'admirais, et sa gentillesse envers moi. Parfois au cours de cette année 42, elle nous emmenait Max et moi à la piscine de la Jonquière. Pour la première fois j'avais un joli petit prénom, elle m'appelait "Jacquou" je trouvais une douceur à cela. Les camarades à l'école m'appelaient "Jacquotte" c'était affreux, cela faisait perroquet. Maman appelait souvent mon frère "Mamax" bien que ce surnom me paraisse bêbête, je l'enviais. Mais à présent, j'avais aussi le mien. On est bête quand on a quatorze ans ! On a besoin de tant d'affection, de reconnaissance de soi.

Maman, déjà bien malade sans le savoir, nerveuse, anxieuse, fatiguée ne s'occupait certes pas de mes états d'âme. J'en ai beaucoup souffert, mon esprit n'était pas assez ouvert pour que je puisse comprendre, en parler n'aurait servi à rien. Qui aurait compris que j'étais encore une enfant à qui on demandait beaucoup.

Mon Père rapportait moins de comptes à faire à la maison. Je ne m'occupais plus beaucoup de la gestion de ses stocks. L'année scolaire était terminée. Dans le courant de l'année 41, Maman m'avait acheté des patins à roulettes dont j'avais rêvé durant toute mon enfance et dont je n'ai pas eu le plaisir de me servir souvent. Avec mon amie Huguette qui était encore à Paris chez ses grands-parents nous sommes encore allées quelquefois patiner au bois de Boulogne pendant ces vacances d'été. A pied aller-retour bien sûr. Dans ce cas je ne portais pas l'étoile jaune. J'ai gardé un bon souvenir de ces échappées qui me semblaient être le comble de la liberté. Pas de contrainte, pas de danger ouf !

Et les deux mois d'été s'écoulèrent avec le premier grand évènement qui fit en dehors des Juifs se réveiller bien des français : la rafle du Vel' d'Hiv'. Les médias en ont bien parlé mais… après la guerre seulement. Dans le milieu juif cela fut une bombe. Ceux qui le purent se cachèrent. Papa avait toujours confiance parce qu'il était ancien combattant et puis Maman était malade. C'était bien difficile. Nous sommes restés encore quelques mois à la maison. Pour les parisiens qui ne pouvaient pas "trafiquer" et n'avaient pas de Parents à la campagne pour aller les week-ends à bicyclette, chercher un peu de ravitaillement, la nourriture était leur principal souci. Nos amis M. chez qui nous allions nous cacher parfois la nuit, Maman et moi, étaient de ceux-là. Aussi leur apporter quelques victuailles était pour eux le plus grand des remerciements. Papa donnait beaucoup, généreusement mais prudent. Il fallait se méfier des jaloux dénonciateurs. Bien souvent nous cachions cette chance d'avoir à manger ! Pour les rois du marché noir ou de la collaboration, cette période ne peut être qu'un bon souvenir. Je me demande encore parfois si les enfants de tous ces "vilains" (surtout les dénonciateurs) connaissent le passé de leurs Parents.

Dans les mairies, chaque mois il y avait la distribution des cartes d'alimentation. Cette carte était attribuée sur présentation de la carte d'identité, elle était différente selon les âges : J1 - J2 - J3 + travailleurs de force. Pour chaque référence les quantités attribuées étaient différentes mais toujours insuffisantes. Il était impossible pour tous les juifs qui se cachaient d'obtenir les tickets qui permettaient de ne pas mourir de faim. Là encore, mon Père a fait ce qu'il a pu.

Paris est noir la nuit. Tout est camouflé, pas les réverbères. Très calme seulement parfois le bruit des sirènes annonçant le début d'une alerte et le départ aux abris. Peu d'alertes encore en 1942. La D.C.A faisait déjà quelques dégâts avec les retombées d'éclats d'obus, mais ce n'était rien comparé à ce que furent les années 43-44. Plus de taxis, plus d'autobus, plus de tramways. Les parisiens voyagent en métro. Avec les nouvelles lois de Vichy, les juifs n'avaient le droit de ne monter que dans le dernier wagon. Par nécessité j'ai pris quelquefois le métro, toujours archi-comble, également le dernier wagon où certaines personnes (rares) montaient par sympathie envers les juifs. Les vélos taxis dont on a tant parlé après la guerre étaient devenus un luxe, cependant il ne fallait pas être pressé.

A la maison rien ne se décidait encore. Une certaine routine de l'incertain s'était installée. Madame Ribaud, fidèle, venait toujours travailler à la maison ; elle fabriquait du neuf avec du vieux, la pénurie vestimentaire commençait sérieusement. Heureusement la majorité des femmes savait coudre, en général elles devenaient astucieuses pour rester coquettes malgré les chaussures à semelles de bois et les jambes nues en plein hiver étaient peintes couleur bas, allant même jusqu'à simuler la couture derrière la jambe ce qui était à la mode. Mon amie Zette, très habile de ses mains, faisait des merveilles avec de vieux bouts de tissus. Madame Dupuis pour les lessives travaillait toujours deux journées par semaine.

L'été passa. Je retournai à l'école, rentrée 1943.

Maman souffrait beaucoup, boitait de plus en plus, chaque pas était une souffrance. Les médecins toujours perplexes ne diagnostiquaient rien de grave. Toujours décalcification, rhumatismes. Très courageuse, Maman ne se plaignait pas, elle devenait de plus en plus soucieuse et triste. Et les jours se suivaient.

Les alertes devenaient de plus en plus fréquentes, personne ne s'en plaignait, c'était peut-être le signe d'une prochaine libération ? Erreur. Dans le courant de l'hiver, pour la première fois, le professeur Coste, chef de service à l'hôpital Cochin, vint à la maison pour une consultation privée. Il ne trouvait rien de plus que les autres médecins. Un nouvel hiver finissait, mes Parents discutaient toujours beaucoup d'un départ prochain. Mais où aller ? Maurice vivait toujours caché dans la petite maison de Paray-vieille-Poste. Marcelle passait régulièrement chez nous chercher des vivres. Papa et Max, en cas de départ précipité, pourraient loger au Comité. Il fallait trouver une "cachette" pour Maman et moi, assez confortable pour Maman.

Entre temps au mois d'août, j'avais été invitée par mon amie Huguette qui habitait maintenant avec ses Parents à St-Jean de la Ruelle, dans le Loiret, près d'Orléans. Nous n'avions jamais cessé notre correspondance, elle aimait écrire, moi aussi. Je passais chez ses Parents un mois loin de la guerre. Pas d'uniformes vert-de-gris dans les rues. Des gens sans histoire. Des rires, une jeunesse saine, joyeuse, vivante !... J'oubliais tous les soucis entre la bonne cuisine, les jeux, les promenades, l'amitié. La guerre n'existait plus. Pas d'histoire d'arrestation, pas de pleurs. Je ne revis Huguette que plusieurs mois après la guerre.

Je revenais à la maison pour retrouver bien vite le "cahot". La fin de l'année 43, le début vers 1944 passa chez nous inaperçu, d'ailleurs nous n'avions pas l'habitude de fêter le nouvel an.

Il fut décidé que j'arrêterais d'aller à l'école pour deux raisons : Une, j'avais beaucoup de travail à la maison. Deux, cela devenait dangereux, certains bruits courraient, que, sur dénonciation on arrêtait les enfants juifs dans les écoles. Pour moi c'était une frustration. J'aimais l'école. Au cours complémentaire, les livres nous étaient prêtés, Maman par honnêteté me demanda d'aller les rendre. (Ce n'était pas le moment de passer pour des voleurs et aussi, Maman ne voulait pas d'une visite impromptue déléguée par l'école.) J'allais donc avec mon paquet de livres au début d'un après-midi avant le coup de sifflet de la rentrée. Je trouvais dans le préau mes trois principaux professeurs en train de papoter. Elles ne comprenaient pas pourquoi, ayant fait un très bon début d'année scolaire, j'arrêtais subitement. Vraiment, pensais-je, chacun vit dans son monde ! Je me taisais. Je ne savais pas, je ne pouvais pas répondre. Après un AU REVOIR bref, sans commentaire, elles reprirent leur conversation, inconscientes, indifférentes. Bien françaises après tout !

Les alertes devenaient de plus en plus fréquentes. Maman ne pouvait plus se rendre dans les abris. Il arrivait parfois, lorsque les vitres commençaient à trembler sous l'effet des déflagrations provoquées par la D.C.A, que nous descendions dans notre cave. C'était une très vieille cave au plafond bas et voûté qui donnait l'impression de nous tomber sur la tête ; les murs faits de gros parpaings irréguliers étaient humides. Cette cave servait uniquement de réserve à charbon et de bois. Le sol était en terre battue, mon Père y avait enterré au début de l'occupation quelques armes. Lui seul en connaissait l'endroit. Enfin elle était le domaine des souris et des rats. J'avais cette cave en horreur et n'y suis descendue qu'une ou deux fois après disputes. La même chose pour les abris. Là je n'y suis allée qu'une seule fois, tout au début en 1942. J'imaginais l'écroulement d'un immeuble de six étages sur nos têtes, je préférais recevoir sur mon crâne notre très modeste maison. A l'école j'avais été obligée de suivre le mouvement général. Au premier coup de sirène, nous partions en rangs serrés très vite vers les abris qui se trouvaient au plus près (environ une centaine de mètres) place des fêtes à Levallois près du parc de la planchette. A présent cette place décorée de fontaine et jets d'eau est entourée d'un côté H.L.M. En m'y promenant j'ai retrouvé ce que crois avoir été l'entrée des abris, ces longs boyaux humides et étroits dans lesquels nous restions debout attendant impatiemment les sirènes annonçant la fin de l'alerte. Nous étions encore des enfants et les rires souvent dominaient les pétarades des obus de la D.C.A.

Enfin, mon Père par l'intermédiaire d'un membre du Comité avait trouvé un endroit pour Maman et moi. C'était un studio confortable composé d'une assez grande pièce donnant sur une vaste cour, une petite entrée, une cuisine et une salle de bain. Un balcon longeait la porte fenêtre de la pièce et se prolongeait devant la fenêtre de la cuisine. Nous nous sommes installées au 14 rue des Dardanelles vers l'automne 1943. Notre installation ne causa aucun problème. Les concierges étaient dans la confidence, connaissaient certaines personnes du Comité. Des gens à l'accent méridional, un nom bien de chez eux puisqu'ils se nommaient Lartigue. Ils nous ignoraient totalement, certainement par prudence. Les Allemands passaient souvent dans les immeubles demander aux concierges si des juifs habitaient là. Pour eux c'était donc un risque mais nous ne portions pas - enfin moi, puisque Maman ne pouvait plus marcher - l'étoile jaune. Nous étions invisibles tellement nous étions discrètes. Tout au moins au début. Par la suite, cela devint plus difficile.

L'immeuble comportait huit étages, nous habitions au septième. A chaque étage, quatre studios identiques ; le nôtre était à gauche, la deuxième porte à gauche en sortant de l'ascenseur, donc la deuxième porte à droite par l'escalier. Mais il n'y avait déjà plus d'ascenseur, les restrictions sévères d'électricité étant commencées pour tout Paris. Plus d'eau chaude non plus dans la salle de bain. Nous avions encore du gaz dans la cuisine c'était l'essentiel. Pas de chauffage, curieusement je ne me souviens pas que nous ayons souffert du froid cet hiver là. La pièce était meublée d'une vieille armoire, une petite table, trois chaises, un grand lit à barreaux de cuivre pour Maman, pour moi un canapé-lit un peu branlant qui se dépliait le soir, assez confortable. Peu de vaisselle, peu de linge que nous avions transporté discrètement. Peu de personnes connaissaient notre adresse. Il y avait Mme Vau Essle, voisine de toujours et amie de Maman, elle venait ainsi quelquefois lui tenir compagnie ; Mme Boy la fidèle et dévouée originale, ma grande amie Zette, plus tard Mme Meunier personne qui a tellement compté dans la fin de vie de Maman.

Je continuais à m'occuper de Maman qui pouvait encore, sans aide, faire sa toilette en marchant les quelques pas jusqu'à la salle de bain. Elle souffrait tellement que Papa décida, sur le conseil du médecin qui avait suivi notre retraite, de demander encore une consultation au Pr. C. Nous avions bien compris qu'il n'était pas dangereux, et comme tout le monde, acceptait les petits paquets que Papa savait lui offrir discrètement. En temps de disette sévère, le plus riche se moque de l'argent, ce qui compte c'est l'estomac, surtout pour nos enfants. Il consulta vers le mois de mars et affirma qu'il fallait absolument que Maman soit hospitalisée afin de faire des examens complets. Il la ferait entrer dans son service spécialisé dans les maladies osseuses. Les juifs n'ayant pas accès aux hôpitaux, il suggéra de trouver quelqu'un qui prêterait sa carte d'identité, changer la photo suffirait, il s'occupait du reste. C'est ainsi que Mme Boy se proposa généreusement, ce qui pour elle pouvait être dangereux. Maman (nouvellement Mme Boy) entra à l'hôpital Cochin début avril, elle y resta jusqu'à la mi-juin environ. Les examens, parfois douloureux, se montraient tous négatifs. Personne ne comprenait pourquoi tant de souffrance. C'est un jour, en analysant un petit ganglion qui était apparu brusquement au niveau du cou que le cancer fut dépisté. C'était une métastase, suite à une opération du sein pratiquée dix ans auparavant. Cancer osseux très avancé.

Personne ne m'en parla, je ne sus tout cela que bien, bien plus tard. J'étais toujours à l'écart des conversations importantes, c'était ainsi depuis l'enfance, je comptais vraiment peu. De cette façon l'intelligence se développe au ralenti, c'était ainsi et je n'avais guère de considération pour moi-même. Aussi je ne me rendais pas compte de la gravité de la maladie. Je ne savais pas que Maman allait mourir. Cette période fut certainement la plus difficile de ma vie.

Pour moi, pour ce que j'ai vu, je crois que l'hôpital, tout au moins dans ce service, renfermait trop, trop de misère humaine. Les malades étaient installés dans des salles de vingt ou trente lits, peut-être plus je n'ai jamais compté. Quelques chambres, sans portes, à deux lits pour les cas extrêmes. Par faveur, Maman fut installée dans une chambre à deux lits. Dans le lit voisin, j'ai vu passé tellement de souffrance et de misère que je finissais par me faire une carapace ; mais je me trompais, ce n'était pas une carapace mais un manteau bien léger. Mon cœur resta sensible, intact. Maman avait bon cœur, elle ne pouvait s'empêcher de donner quelques friandises à sa voisine de passage, privée de tout. Bien des malades avaient faim. Pendant son séjour, Maman en a vu passer des malades renvoyées chez elles in-extremis car on mourait chez soi en ce temps-là. Seuls les pauvres gens, les miséreux, donnaient leur dernier souffle à l'hôpital.

L'infirmière chef, Mme Meunier, s'était liée d'amitié avec Maman qu'elle appelait Mme Boy (Maman avait eu du mal à s'habituer). Au début, elle lui disait quelquefois "Vous pouvez me faire confiance Mme Boy" alors Maman devenait très méfiante. Petit à petit elle comprit que Mme M. connaissait la situation qu'elle approuvait et se taisait. Nulle autre personne dans le service ne devait avoir. Mme M. était une grande résistante ainsi que son mari, nous ne l'avons su que plus tard lors de leur arrestation.

Pendant cette période d'hospitalisation, j'allais presque chaque jour voir Maman, lui apporter de la nourriture, mais surtout surveiller l'hygiène. Le manque de matériel était incroyable, le personnel aussi très restreint. La vraie pénurie. Je lui avais apporté, pour la toilette, cuvette, bassins personnels etc. Les visites étaient autorisées de 13h30 à 15h30 absolument sans aucune souplesse. Mme M. m'avait fait une sorte de laisser-passer et je pouvais arriver en fin de matinée et repartir quand je voulais jusqu'à 16 heures. J'allais et je revenais à pied, le métro était très dangereux, les rafles se multipliaient. Aussi me fallait-il beaucoup de temps.

La chambre de Maman donnait sur un couloir, à gauche duquel se trouvait la salle commune. En face de la chambre : les toilettes comprenant des sortes d'éviers-lavabos, en rangées, accotés au mur. Les femmes qui pouvaient marcher allaient y faire leur toilette sans aucune intimité. Des femmes de toutes générations, jeunes, âgées, plus ou moins malades mais il me semblait beaucoup de malheureuses. En continuité de la salle des maladies osseuses se trouvait une autre salle occupée par les malades contagieux, lesquels devaient traverser la première salle pour se rendre aux toilettes, les mêmes sanitaires pour tous. Parmi les femmes contagieuses, beaucoup de syphilitiques. J'ai été plus d'une fois terriblement impressionnée par les ravages physiques sur ces personnes. Enfin, un jour Mme M. m'apercevant allant aux toilettes m'interdit l'endroit, elle me dit que si besoin était je lui demande la clef pour aller aux sanitaires du personnel. Ce que je fis.

Durant cette période d'hospitalisation, pour ne pas rester seule, j'allais dormir rue Ampère au Comité avec Papa et Max. On installa un lit de fortune dans l'angle de la pièce près de la fenêtre, endroit le plus résistant en cas de bombardement pour tenir les murs debout. Mon Père connaissait ma répugnance et mon refus catégorique à descendre aux abris. Le matin, je partais tôt jusqu'à la rue Octave Mirbeau (notre ancienne maison) qui était moins loin que la rue des Dardanelles et plus commode pour préparer ce dont Maman avait besoin. Avant d'entrer dans la maison par la porte qui donnait sur la rue, je vérifiais qu'aucun scellé n'avait été apposé, donc pas de passage de rafle. Je préparais ce que je pouvais et je partais pour l'hôpital. Un trajet de une à deux heures, autant pour le retour ; les alertes de jour devenant de plus en plus fréquentes, je devais parfois m'arrêter en route à l'abri d'une porte cochère, personne ne devant être dans la rue pendant les alertes. Personne ne me remarquait, j'étais petite pour mon âge, neutre, invisible. Les rues étaient désertes. Parfois une alerte se terminait, une autre commençait peu de temps après. Les bombardements avaient déjà fait beaucoup de dégâts, surtout dans la banlieue nord de Paris.

Vers la mi-avril il y eut un terrible bombardement de nuit, il me semble que c'était celui de Gennevilliers ou peut-être celui de la gare de marchandises de la Chapelle ou encore celui de la gare des Batignolles. Ils se mélangent un peu dans ma mémoire. Ce bombardement dura environ une heure et fit d'énormes dégâts matériels et aussi beaucoup de morts. Au début de cette alerte, Max et Papa voulurent me traîner de force à l'abri. Ils me sortirent de mon lit par la tête et les pieds, rien n'y fit, je résistais tellement qu'ils finirent par abandonner. Avant de partir mon Père ouvrit très grande la fenêtre pour éviter que les vitres ne se brisent par les déflagrations d'obus de D.C.A. Elles furent tout de même réduites en morceaux. Personne ne pourrait me croire le lendemain, aussi je ne dis rien, mais cette nuit-là, je me tournais du côté du mur et me rendormis profondément comme bercée par les grondements d'un orage et des coups de tonnerre. Grosse fatigue et inconscience réunies, lassitude de cette période si difficile à vivre, je n'analysais pas mes sentiments je n'en avais pas le temps. Et puis je n'avais pas le choix. Pour moi, sans le savoir, DORMIR était un refuge surtout si j'avais la chance de rêver. Que m'importait que la maison s'écroule et moi dessous. Il y eut énormément de morts, de blessés et de maisons détruites. Pour tous cette nuit avait été un cauchemar. Je n'avais qu'une hâte, celle d'aller vite à l'hôpital connaître ce qui s'était passé. Tout le monde était en émoi, le personnel, les malades. Maman me raconta cette terrible nuit de peur, les malades traumatisés, l'affolement des malades intransportables.

Durant cette période, Maman avait pour voisine de chambre une femme relativement de même âge que le sien. Cette femme demeura peut-être trois semaines sa compagne dans la souffrance, elles se prirent d'amitié l'une pour l'autre. Elle me paraissait douce et timide. Je ne sais pourquoi par la suite, bien que l'ayant si peu connue, je pensais parfois à elle. Chaque dimanche, son mari et son fils lui rendaient visite. Elle avait un cancer généralisé et souffrait énormément.

Lorsqu'elle quitta l'hôpital, Maman lui demanda son adresse. Quelques jours plus tard, Maman me demanda d'aller de sa part, lui porter un petit colis de nourriture. Un matin de bonne heure je partis, toujours à pied, vers la Porte de la Villette. Cette famille habitait dans un H.L.M. pas très loin des abattoirs qui se trouvaient en ce temps-là près de la Porte de le Villette. Le quartier était sinistre, enfin je le trouvais tel. Je trouvai difficilement la rue, puis l'immeuble. La petite famille habitait un rez-de-chaussée. Je sonnais et le fils, un jeune homme, m'ouvrit. Puis le Père apparut. Tous deux avaient les yeux rougis et très mauvaise mine me semblait-il. Le logement me paraissait petit, méticuleusement propre et pauvre. J'appris que Mme X. était au plus mal, que j'allais la trouver bien changée. Elle ne mangeait plus du tout, les piqûres de morphine insuffisantes, la souffrance parfois intolérable. En rentrant dans sa chambre, je reçus un choc, elle était presque méconnaissable. Elle eut tout de même la force de me remercier, me parla de Maman avec respect et amitié, voyant mon émotion me consola, me disant tout bas que Maman guérirait, que nous serions très heureux après la guerre mais que pour elle c'était fini, elle allait mourir.

Je connaissais très peu cette femme mais en revenant à la maison, dans la rue je pleurais. Pourtant dans ma tête ce leitmotiv : Maman guérirait, elle n'avait pas la même maladie, ce sale cancer. Ma jeunesse reprenait le dessus, plus je m'éloignais de ce drame que je venais de voir, plus j'espérais, j'espérais tout. La guérison de Maman. La vie normale des autres filles de quinze ans. La femme que je venais de voir mourut trois jours plus tard. Je le sus par Mme. Meunier. Maman ne le sut pas. Je lui avais raconté que je l'avais trouvée en meilleure santé. Je ne faisais toujours pas le rapprochement avec la maladie de Maman.

Nous étions début juin, l'été s'annonçait beau et chaud. Les allers-retours hôpital Cochin – Porte Champerret devenaient de plus en plus pénibles et dangereux. J'avais grandi des pieds, la seule paire de chaussures devenue trop petite me fournissait copieusement en ampoules aux doigts de pied, talon, aïe aïe aïe. Il ne me serait même pas venu à l'idée de parler de ces petites misères physiques devant tant de souffrance humaine que je rencontrais chaque jour.

Un jour Madame Meunier m'annonça le retour prochain de Maman à la maison. Je sus par la suite, peu de temps seulement avant sa mort, qu'elle avait un cancer osseux généralisé, une métastase, sa maladie avait été enfin diagnostiquée avec certitude. Il lui restait peu de temps à vivre, mais cela Mme Meunier ne me le dit pas.

Elle m'expliqua avec précaution que je devais apprendre à faire des piqûres, Maman en aurait besoin et personne ne pourrait venir à la maison. Donc, un matin j'arrivais vers dix heures à l'hôpital appréhendant la leçon. J'étais auprès de Maman, Mme Meunier vint me chercher. Elle m'emmena dans une petite chambre toute blanche, peinte simplement à la chaux, dans laquelle se trouvait simplement un lit au fond duquel gisait une vieille femme avait un teint vitreux, pour moi elle ressemblait à un spectre. Elle était horriblement maigre, déjà moribonde mais je ne le comprenais pas. Mme Meunier s'approcha, lui parla doucement, gentiment puis lui demanda si elle me permettait de lui faire une piqure car je devrai savoir pour Maman qui en aurait besoin. Ses yeux vitreux me fixèrent, j'avais l'impression que ce regard vide ne me voyait pas. Elle acquiesça de la tête légèrement et un petit oui sortit murmuré entre ses lèvres. Je la revois encore… quelle tristesse ! Alors, Mme Meunier qui avait préparé la seringue souleva le drap, puis la chemise. Je fus épouvantée, je voyais un squelette encore vivant. L'émotion était trop forte je fondis en larmes et je refusais de faire mal à cette vieille femme. Je craignais de piquer l'os. Mme Meunier m'expliqua simplement sur ce corps décharné l'endroit où je devais piquer, dans la cuisse. Les piqûres seraient sous-cutanée c'est-à-dire sous la peau. Toujours ignorante je ne savais pas qu'il s'agissait de morphine. En sortant elle me dit, que de toute façon, puisque j'avais compris, le moment venu, je me débrouillerai très bien. En effet, le moment venu je sus… Quant à la vieille femme elle n'était pas là le lendemain. Terminées ses souffrances dans la solitude. Elle était morte ! Sans le savoir, elle avait été utile jusqu'à son dernier souffle.

Je ne ferai plus le trajet journalier jusqu'à cet hôpital qui m'était devenu familier. Peut-être allait-il me manquer ? Pendant presque trois mois j'avais arpenté les rues par différents chemins, ma tête remplie d'espoir ou de détresse, toujours seule dans ce parcours. Depuis deux semaines environ je trouvais mon chemin plus "aéré", les rues plus vides de passants, les uniformes vert de gris moins nombreux et moins fanfaronnant, je me trompais peut-être. Mais cela était dû probablement aux alertes plus fréquentes. Moins de piétons, moins de vélos-taxis, même les arbres me paraissaient peu feuillus ! Je rêvais sans doute. Heureusement, la pensée, l'espérance peuvent nous éloigner du présent, c'est un don de la jeunesse que l'on perd totalement au fur et à mesure qu'on avance vers la vieillesse. C'est ainsi qu'en marchant si longtemps chaque jour je m'échappais parfois dans une autre sphère.

Allaient-ils me manquer les retours en fin d'après midi vers la rue Ampère où au Comité je retrouvais la vie animée, surtout les jours où les femmes de prisonniers préparaient les colis de prisonniers. Je retrouvais alors mon amie Zette avec qui j'avais commencé notre solide amitié. Un peu ma bouée de sauvetage.

Max travaillait toujours à *Central motor* rue du Caporal Peugeot, il revenait le soir rue Ampère. Je le voyais peu. Il avait sa vie, ne se posait pas de problème, son caractère optimiste, à toute épreuve le servait bien en cette période si troublée. Mais surtout il allait très rarement à l'hôpital, n'était pas conscient de la vie difficile que je menais et puis aussi j'étais la fille c'était normal. Les souffrances physiques et morales que subissait Maman, il ne les connaissait pas. Au travail il était toujours apprécié pour son esprit consciencieux d'apprenti docile, pour sa gentillesse. Il fréquentait toujours sa petite bande de copains dont R.V.E faisait partie, dont elle était la REINE. Quelquefois, le dimanche, jour où Papa me remplaçait auprès de Maman, il essayait de m'entrainer parmi eux. Mais ses copains remplis d'insouciance, je les trouvais puérils, voire un peu bébêtes, leurs petits flirts avec Raymonde, la seule fille de la bande (avec moi quand j'y étais) m'agaçaient. Et j'étais moche, mal habillée, mal coiffée, complexée auprès de Raymonde, gaie, toujours rieuse, insouciante, gâtée, grande blonde coquette autour de qui les garçons tournoyaient. Je n'étais pas jalouse, j'avais en tête des pensées tristes qui ne me quittaient pas. Nous ne pouvions donc pas communiquer.

Pour accueillir Maman, mon Père m'avait aidée à installer joliment la pièce. Nous avions acheté des fleurs et mis dans le grand lit les jolis draps brodés que Maman n'avait utilisés que dans les grands évènements de sa vie. Je pense certainement sa nuit de noce, la naissance de ses enfants. Ce retour l'émut beaucoup, elle pleura. Peut-être est-ce à ce moment qu'elle se rendit compte qu'elle était très malade, incurable, que la fin de sa vie approchait. Quelle fin de vie ? Souffrance, regrets de ce qui ne sera plus, cachée dans ce studio, se taire. J'étais trop jeune pour comprendre cela et puis inconsciente je n'avais pas compris, malgré toutes les misères que j'avais déjà observées, qu'elle était tellement malade. Pour moi, elle revenait à la "maison", donc elle allait mieux. Mon Père repartit dans la soirée au Comité et je restai pour la première nuit seule avec Maman. Nos lits étaient installés en équerre, tête contre tête, séparés par une petite table de chevet sur laquelle je disposais son nécessaire. Près d'elle, à portée de sa main, une canne. Il fut convenu qu'elle lui servirait à me réveiller en donnant des petits coups sur mon lit en cas de besoin.

A dater de cette nuit commença pour moi la période la plus difficile de ma vie. Les restrictions générales se faisaient de plus en plus sentir. Depuis longtemps, l'ascenseur ne fonctionnait plus. Encore un peu d'électricité à certaines heures. Pas d'eau chaude. Heureusement le gaz montait encore jusqu'au septième étage et nous avions un petit réchaud qui marchait encore.

Parmi les problèmes matériels se posait celui du lavage et du séchage du linge. Je devais le porter, le laver, le faire sécher rue Octave Mirbeau dans notre maison et le rapporter propre et sec. La plus grande corvée. Bien s'assurer avant d'entrer que les "Boches" n'étaient pas passés avant moi. Ce travail se faisait en deux temps. Le premier jour j'allais essanger le linge, c'est-à-dire le frotter avec du savon (et quel savon, presque de la pierre ponce) et le laisser tremper. Le deuxième jour je retournais pour la faire bouillir dans une grande lessiveuse que je posais vide sur le réchaud à gaz que je remplissais au fur et à mesure de linge et d'eau. Après ébullition, opération inverse pour la vider avec des pinces en bois, le linge étant brûlant. Enfin, avant-dernière opération, le rinçage que je faisais dans la baignoire. Très dur l'essorage à la main des grands draps ! Enfin en dernier l'étendage sur le toit du garage où étaient installées des cordes fixées entre des piquets réservées depuis longtemps à cet usage. On accédait à ce toit par la fenêtre du palier. Selon le temps, je retournais chercher la lessive propre et sèche le lendemain ou le surlendemain. Heureusement, il n'était pas possible de le repasser !

Je me souviens pendant une belle matinée claire, d'une alerte et d'un bombardement auquel j'assistais de loin car nous avions l'avantage dans notre maison d'avoir, sur l'arrière, une vue plein-ciel. Au milieu d'un fracas épouvantable, je regardais par la fenêtre grande ouverte les chapelets de bombes qui tombaient quelque part en banlieue proche, lâchés par la soute d'un bombardier qui me paraissait monstrueux. A vol d'oiseau, la "scène" était très proche. Je pouvais compter (enfin presque) les bombes. Les éclats d'obus de la D.C.A. tombaient en grosses pluies sur les toits. Je ne pensais ni aux dégâts ni aux morts, je ne pensais qu'à moi "admirant" le spectacle, seule avec mon égoïsme, presque une joie ! C'étaient les anglais qui bombardaient et plus ils bombardaient, plus la libération serait proche.

Je m'étais installée dans un nouveau tronçon d'existence, clos et pourtant tellement mouvementé par le présent incertain, difficile et la suite que j'ignorais encore et qui pour moi serait une tragédie : la mort de Maman. Dès son retour à la maison Maman reçut les visites régulières des seules amies qui connaissaient notre demeure, Mme Boy toujours fidèle, Madame Vau Esshe apportait souvent, avec son optimisme réconfortant, un petit bouquet de fleurs. (Maman adorait les fleurs) Enfin Madame Meunier qui savait transmettre beaucoup d'espoir.

En écrivant : Maman aimait les fleurs, je veux raconter notre petite joie d'enfants dont je me demande si mon frère Max se souvient. Durant l'année où nous étions revenus à la maison (1938-1939), parfois, le dimanche matin, Maman nous envoyait, munis d'une courte liste, faire quelques courses au marché de Levallois. Notre grand plaisir était d'économiser sur nos achats, si nous avions assez d'argent, afin de pouvoir acheter un petit bouquet à Maman. Elle faisait toujours l'étonnée et paraissait ravie, nous étions contents. La journée commençait dans la joie. La joie pour moi de voir Maman contente.

Mon amie Zette venait très souvent. Elle aidait Maman à faire sa toilette, repartait, revenait parfois le soir et restait avec moi assez tard. Nous parlions dans la cuisine. Maman calmée par une piqûre somnolait ou dormait. Zette, avec nostalgie, me parlait de son passé, de son mari prisonnier qui lui manquait beaucoup. Elle racontait l'amour qu'elle avait connu très jeune avec Dino. Tous deux avaient les mêmes goûts simples, grands sportifs escaladant les montagnes pendant les vacances. Dino était passionné de photos, elle m'en montra de très belles. Ils avaient mené une vie saine, remplie de voyages pendant leurs vacances, toujours à travers la nature sauvage et sac au dos en campant. Elle racontait tout cela, les voyages, les balades en forêt de Fontainebleau, le weekend end, les excursions dangereuses en montagne. Je m'évadais… Alors, elle me promettait qu'après la guerre, avec Dino, ils me feraient découvrir toutes ces beautés de la nature que je n'avais pas su apprécier durant mon enfance à la campagne.

L'été 1944 fut très beau, chaud, les nuits merveilleusement étoilées. Sur le balcon du septième étage, dans la nuit complètement noire, ces nuits de l'occupation où aucune fenêtre ne devait être visible, aucune lumière, nous pouvions admirer au-dessus de nos têtes la voie lactée, une féerie lumineuse là-haut au-dessus des toits. Elle connaissait presque aussi bien les noms des constellations que le Papa Louis à Chambray. Une nuit, dans le calme absolu, alors que la lune formait un croissant dans le ciel si pur, elle me récita des vers de Victor Hugo, un extrait des *Contemplations* : "Et Ruth, se demandait …… quel Dieu, quel moissonneur de l'éternel été, avait en s'en allant négligemment jeté cette faucille d'or dans le champ des étoiles." J'enviais sa culture d'autodidacte, je l'écoutais me parler de tous les auteurs qu'elle avait lus. Avec simplicité, elle m'expliquait que l'on pouvait sans avoir fait d'études, (elle avait commencé à travailler à quatorze ans) par l'écoute des autres, par le dialogue, surtout par la lecture, comprendre et connaître un peu d'humanité. Moi dont les études, comme les siennes, avaient eu leur point final au même âge, je l'admirais.

Zette fumait beaucoup, elle n'était pas en cette période de restriction privée de cigarettes qu'elle avait facilement au Comité où le stock était certainement de milliers de paquets réservés aux colis de prisonniers. A cette époque, on ne connaissait pas encore la nocivité du tabac. Elle m'apprit à fumer pour aider mes nuits de mauvais sommeil où je devais m'occuper de Maman. Comme tous les jeunes débutants, je ne trouvais pas cela extra, de plus c'était des cigarettes très fortes, des gauloises, tabac noir très fort. Mais très vite je pris l'habitude, je me "décontractais" (mot inemployé à cette époque) dans la cuisine devant la fenêtre dans la solitude et le silence de la nuit noire (sans lumière), je pensais à la libération, au futur, au destin. Mon Père savait que je fumais, mais les cigarettes n'étaient pas encore considérées comme étant dangereuses. Je me rappellerai jusqu'à ce que je perde la mémoire de ces nuits de tristesse, d'espoir, de réflexions si difficiles à exprimer. Je savais au fond de moi-même que je ne revivrais jamais cette période de vie exceptionnelle due aux événements et qui ne se représentent pas deux fois. L'âge, la maturité, transformeraient mes sentiments en même temps que mon caractère.

Le mur de la cuisine était mitoyen avec celui de la cuisine de nos voisins. Un jeune couple joyeux habitait un studio pareil au nôtre. Tous deux devaient travailler car dans la journée nous n'entendions rien, mais souvent le soir, ils chantaient en duo les chansons de l'époque parfois aussi j'entendais leurs rires. Deux jeunes gens heureux, sans problème que j'aurais bien aimé connaître. Enfin, au contraire, je devais les éviter afin qu'ils nous ignorent si possible. Je ne les ai jamais rencontrés.

Nous arrivions fin juillet début août. Les jours et les nuits s'écoulaient identiques. La toilette et les soins de

Maman. Faire si possible quelques courses alimentaires en plus de ce que Papa rapportait du Comité. Nous avions de fausses cartes d'alimentation que Zette nous avait procurées à la Mairie où elle travaillait aussi quelques jours par mois, où elle avait des "copines". les files d'attente chez les commerçants interminables, la cuisine même très simplifiée, le travail ménager enfin, tout ce qui concernait notre vie me prenait beaucoup de temps et m'ennuyait profondément. Je détestais tout cela. Mais Maman était très minutieuse, de son lit elle surveillait tout encore et j'essayais de lui faire plaisir, moi qui avais horreur des travaux ménagers ! Et voilà la vie... On dit que l'éducation est une seconde nature, voilà une éducation que je pense n'avoir jamais acquise. C'est pourtant ce que j'ai fait une grande partie de ma vie.

Nous n'avions pas de TSF mais par Papa, Zette et les quelques amis qui venaient nous voir nous savions que la LIBÉRATION approchait. Mon cousin Edmond, résistant actif entre Paris et Londres, parfois lors de ses passages à Paris, venait clandestinement à la maison. Il passait la nuit dans la cuisine et mangeait, il avait souvent faim. Il repartait très tôt le matin au petit jour avec sa petite mallette (je sus plus tard qu'elle contenait des papiers pour la Résistance). Mon Père trouvait ces visites dangereuses, il aurait pu être surveillé, suivi dans la rue. Toujours le destin, il a eu de la chance (nous aussi). Dans ma jeunesse j'ai toujours eu beaucoup d'affection pour mon cousin que je considérais comme mon troisième grand frère. Il était doué, intelligent, sensible et je pense aimait sincèrement Maman, pour lui Tante Hélène. Il m'expliquait la musique qu'il aimait tant, domaine dans lequel j'étais complètement ignare. C'était un excellent pianiste et poète à ses heures. Un peu snob toutefois à cette époque, ce qui surprendrait bien des personnes qui l'ont connu après la guerre lorsqu'il fonda *Terre des Hommes*. En 1942, alors que nous habitions encore rue Octave Mirbeau je lui dois mon premier concert à la salle Gaveau où il nous avait invités Emilienne Boy, Max et moi. C'est un beau souvenir (de guerre) éblouissant, grandiose pour la "nunuche" que j'étais alors.

Je crois que c'est début août que Maman eut sa paralysie faciale, c'est aussi à ce moment là seulement que je compris qu'elle allait mourir. Toute l'horreur arrivait en même temps. Cette angoisse de la mort, cette affreuse tristesse, les alertes nuit et jour, les bombardements des banlieues qui crépitaient jusqu'à la rue des Dardanelles. C'était l'approche de la libération. Je pleurais beaucoup, toujours en cachette, habitude de mon enfance. J'avais honte. Maman ne devait rien voir. J'étais, après cette dure période de plusieurs mois, certainement dépressive. Lorsque les sanglots arrivaient j'allais vite dans la salle de bain. Une rage de dents venant couronner le tout me faisait beaucoup souffrir une grosse molaire devenait un vrai chiquot que je bourrais d'un coton imbibé d'anesthésiant. Cette dent ne voulait pas tomber elle ne put être arrachée qu'après la libération.

Maman me racontait une superstition de son enfance. Lorsqu'on rêvait qu'une dent d'adulte se déchaussait ou tombait toute seule, c'était le signe prémonitoire d'un décès proche. Je ne rêvais pas et ma dent tenait bon alors c'était un signe bénéfique. Je pensais alors que Maman n'allait peut-être pas mourir. Je l'espérais tant ! Mais je me trompais.

Mme Meunier venait encore voir Maman, nous apportait la morphine nécessaire, l'ordonnance médicale autorisée prescrivait une piqûre matin et soir, ce qui était insuffisant pour calmer les crises aiguës douloureuses. Les piqûres devenaient obligatoirement plus fréquentes. Nous ne possédions qu'une seule seringue en verre et une seule aiguille qu'il fallait faire bouillir pendant vingt minutes entre chaque injection. Cela mobilisait le petit réchaud à charbon de bois, seule possibilité, le gaz ne fonctionnant plus jusqu'au septième étage. Nous n'avions pas davantage d'électricité qui ne fonctionnait que deux à trois heures par jour. En cette mi-août, heureusement, les jours étaient longs et nous ne manquions pas de bougies.

Puis, un jour, Mme Meunier n'est plus venue… Me rendant chez elle, j'appris par la concierge qu'elle avait été arrêtée ainsi que son mari, dénoncés par des voisins, pris sur le fait alors qu'ils émettaient sur un poste à galerie, en relation avec Londres, près d'eux était un anglais qu'ils hébergeaient, caché dans leur chambre de service. C'est après la guerre seulement que nous avons su par Monsieur Meunier qu'elle avait été immédiatement déportée après son arrestation, à Bergen-Belsen où elle mourut dès son arrivée ayant immédiatement contracté le typhus. Monsieur Meunier avait eu "plus de chance" … Torturé pendant des jours et des jours par la gestapo afin de lui faire avouer des noms de résistants, son départ en déportation n'étant pas immédiat, la libération arriva. Il fut sauvé. Encore un destin. Maman pleura l'arrestation de Mme Meunier. En quelques mois, elles avaient noué une réelle amitié. Cette amitié profonde, sincère qui se noue dans le malheur, se tisse dans la souffrance. J'avais observé cela à l'hôpital chez des gens simples souvent humbles, peut-être bons.

Depuis juin nous savions que les Américains avaient débarqué en Normandie. La libération de Paris approchait. Les bombardements n'avaient pas cessé, les banlieues limitrophes et éloignées subissaient de gros dégâts. Beaucoup de morts. Paris était plus sécurisant quant aux bombardements. Montmartre avait été bombardé au printemps mais je ne me souviens pas d'autres bombardements importants sur la ville. Dans la nuit Paris s'illuminait par la violence de la Défense passive. Les tirs de la D.C.A., le ronronnement des moteurs d'avions là-haut dans le ciel noir et étoilé qui prévenait du danger, avant même le déclanchement des sirènes assourdissantes (sept fois pour le début de l'alerte, quatre fois pour la fin). Mais je n'avais pas peur. Comme TOUS, j'attendais la libération. Pour moi, en plus et surtout l'espoir de voir Maman moins souffrir et rester auprès de nous. La radio clandestine "Ici Londres etc." que les gens pouvaient capter en cachette donnait des nouvelles rassurantes. Il fallait tenir. Tous parlaient du jour J. et de l'heure H. grand jour, grande heure ! Les F.F.I. se préparaient à la défense de Paris. Les Allemands, eux, préparaient leur repli. Tous les français qui pouvaient et voulaient écouter radio-Londres savaient que les alliés avançaient depuis juin. Ils seraient bientôt à Paris. Toutes ces nouvelles, cette attente de la libération, cette liberté d'aller sans crainte qui me poursuivait depuis deux ans, cet avenir proche de liberté me donnait un espoir fou. Zette me racontait ce qui se passait à l'extérieur, les nouvelles vraies, les rumeurs aussi. Papa, Zette et moi expliquions à Maman, très faible, tout ce que nous apprenions. Elle se réjouissait pour nous, sachant qu'elle ne profiterait plus de cette liberté retrouvée. L'attente dans tout Paris était commencée. Ce qui restait aux Parisiens de la vie "moderne", civilisée, disparaissait petit à petit pour tous. Plus d'électricité, plus de gaz (sauf une demi heure le soir). Plus de métro, plus rien. Mais cela ne changeait pas ma vie. Toutes ces facilités que les autres avaient eues et que j'ignorais déjà depuis quelques mois ne me touchaient pas.

Nous arrivions au 10 août ! J'allais avoir seize ans. Je me demandais par quel "saint esprit" (c'était certainement par Zette) Maman avait obtenu du tissu qu'elle confia à Zette. Zette avait une sœur couturière, elle me fit la robe. C'était une robe pied de poule rouge et blanc, un tissu à l'aspect soyeux, un ersatz de rayonne que je trouvais magnifique. Le 10 août, Zette et moi sommes allées chercher mon "cadeau", à pied bien sûr. Sa sœur habitait quelque part du côté de la rue Saint-Denis. L'atmosphère était bizarre. Un Paris désert. Les allemands parqués dans des camions à bâches découvertes, fusils chargés, en attente, à l'affût. Plus du tout l'air triomphant. Très peu de passants, nous marchions vite. Mais nous n'intéressions personne, sûrement pas ces allemands là ! La troupe prête à fuir leur "GROSS PARIS". Les magasins, les restaurants, les pharmacies : tout était fermé. Toute activité semblait avoir disparu. Paris tout à coup désert, sans vie. Les gens chez eux, attendaient les alertes pour courir aux abris, en revenir, etc. Plus personne dans cette attente ne pouvait travailler sérieusement. Des rumeurs couraient : les Allemands allaient partir, mais ils détruiraient Paris. La peur s'installait.

Personnellement, inconscience de la jeunesse, manque de maturité, signe peut-être de désarroi, la mort ne m'importunait pas. Je n'avais aucun pressentiment, ni bon, ni mauvais quant à ma personne. Elle comptait si peu ! Je trouvais la robe très belle. Zette ayant pris mes mesures, elle m'allait (je le pensais) à ravir. Je l'ai portée très longtemps ce dernier cadeau. Après la guerre, j'avais grossi, Madame Ribaud m'en fit un chemisier, enfin longtemps après encore, je ne gardais plus qu'un morceau de tissu en souvenir. Enfantillage certes, le souvenir n'est pas matériel. Certains diront fétichisme, mais cela réchauffe parfois le cœur. Au retour, je racontais à Maman les rues désertes, les "boches" qui certainement ne tarderaient pas à déguerpir, les alliés que l'on disait si près de Paris.

Elle se réjouissait pour nous, sachant bien que pour elle, plus rien ne pouvait être joie. Elle souffrait beaucoup, sachant probablement le peu de temps qu'il lui restait à vivre, comment aurait-elle pu se réjouir vraiment. Nous, nous avions l'espérance, l'avenir. Elle, elle n'avait plus rien. Vers le 15 août, plus de gaz du tout au septième étage. Dans certains quartiers déjà presque plus d'eau. On attend, tout le monde attend. Aucun transport ne fonctionne, ni métro, ni bus. Plus de courrier, plus rien. J'ai des échos de l'extérieur par Zette et Papa. Mon cousin Edmond qui, ces dernières semaines, vient de plus en plus souvent n'a plus sa petite mallette, il nous annonce la libération définitive de Paris avant la fin août. Max venait peu souvent rue de Dardanelles quant à mon frère Maurice il était toujours dans la petite maison à Paray-vieille-poste. Nous avions de ses nouvelles par Marcelle qui passait pour le ravitaillement. Enfin il pensait que le 18 août les allemands ont quitté Paris !

Zette me raconte que des français se battent avec des allemands. La résistance, la vraie, la fausse : celle de la dernière heure, tout le monde se bat. Les F.F.I entrent en action. Quelle surprise pour Maman, quelle joie de voir arriver son fils aîné en héros "déguisé" en F.F.I, brassard au bras, révolver sur la hanche, glorieux. Enfin sorti de sa cachette, mon frère devient résistant ! Il était temps. Je crois, enfin je l'espère, qu'il s'est un peu battu sincèrement. Les batailles entre les quelques allemands restant encore, les F.F.I et les "collabos" arrivent en écho jusqu'à nous. Maman est devenue plus attentive et impatiente de connaître la suite des événements. Tout va assez vite. On se bat partout dans Paris. Nous n'avons pas la radio mais Papa et Zette viennent chaque jour à présent et nous racontent. Tout le monde attend l'arrivée des alliés. J'entends parler du général Leclerc et c'est, je crois, vers le 25 août qu'il fait à la tête de ses troupes son entrée dans Paris. Dans la nuit encore noire du "Paris sans lumières", les cloches sonnent fort la libération de Paris.

Cette nuit-là, j'ai vu pour la dernière fois un peu de joie dans les yeux de Maman et son petit sourire déformé par la paralysie faciale me donna un pincement au cœur. Elle pensait certainement à nous. Le lendemain, Max et Raymonde sont venus me chercher pour aller sur les Champs Elysées. Tout Paris est sur les Champs, c'est le grand bonheur pour tous, mais je n'arrive pas à participer vraiment. Les gens, sans se connaître s'embrassent, les jeunes filles montent sur les chars, Raymonde embrasse, embrasse… Puis nous nous installons à une terrasse de café. Il fait très chaud, le soleil est de la fête, aussi triomphant. Je porte la robe de mes seize ans.

Enfin nous retournons rue des Dardanelles. Maman est toujours alitée. Je retrouve l'atmosphère étouffante et la tristesse. Paris est libéré mais les guérillas dureront encore plusieurs jours dans certains quartiers. Certains nids de résistants allemands sont coriaces. Des drapeaux tricolores flottent à nouveau sur les bâtiments publics, les croix gammées ont disparu. C'est l'arrivée rapide de l'armée américaine qui succède à l'armée Leclerc (à expliquer). Paris encore applaudit, hurle sa joie devant cette armée libératrice et ces militaires joyeux, bien nourris. Tout le monde lève les yeux pour voir en plein ciel les avions américains. Ils descendent les Champs en frôlant presque les toits des maisons. VICTOIRE. Les Parisiens tendent les bras et du haut de leurs chars, les sauveurs distribuent le lait condensé, cigarettes, chocolats, biscuits etc. Le peuple français entier les embrasse… voilà !

Rapidement on commence à entendre parler d'arrestations, de "collabos", on a tellement écrit sur ces justice et injustices. Cela ne me touchait pas du tout, j'étais jeune, libre de sortir sans risque, la vie était devant.

Pour le présent, ma peine était de voir mourir Maman. Maman commençait à recevoir librement quelques visites mais épuisée, elle n'acceptait de voir que les fidèles qui étaient venues durant ces mois si difficiles. Les nuits continuaient avec les insomnies, mais Zette ou Papa restaient à présent avec moi (parfois les deux).

Mon cousin Edmond qui ne savait probablement pas où aller venait aussi très souvent. Nous laissions Maman en paix dans la chambre et dormions comme nous pouvions. Maman étant intransportable nous ne pouvions pas retourner dans notre maison. Paris est libéré, mais la guerre n'est pas finie. Papa travaille toujours au Comité. Les prisonniers sont toujours prisonniers, ils reçoivent toujours leurs colis et à Paris c'est toujours la disette. L'euphorie s'est calmée. Le marché noir continue. Août tire à sa fin, il fait encore très chaud. Début septembre plus un seul allemand dans la Capitale. Le général de Gaulle, grandiose, adoré est à Paris. Rue des Dardanelles nous n'avons toujours pas de radio, mais Zette m'apporte les journaux. Je m'y intéresse. On y parle beaucoup d'arrestations des collaborateurs, des noms connus sont donnés.

Maman va mal. Malgré la morphine, elle souffre. Une fin d'après midi alors que nous étions seules, elle me fit asseoir près de son lit et me parla comme elle ne l'avait encore jamais fait, de la vie, des joies, des peines, notre entretien était intime, calme, elle m'avoua qu'elle savait depuis longtemps qu'elle allait nous quitter. Je lui promis, comme elle me le demandait, de m'occuper de la maison, de mon Père, de mon frère... La mort était si proche, j'étais si désemparée, je promis. J'étais sincère. Je pleurais. Il faisait gris, le ciel était nuageux ce matin du 27 septembre 1944. Depuis deux jours Maman était calme, dormait beaucoup, son visage moins crispé. Nous savions que c'était la fin. Mon chagrin montait, montait, une peine immense m'envahissait et pourtant je savais depuis des semaines, j'étais avertie de ce qui arrivait. Comme toujours, je taisais ma peine et ma douleur au cœur. Ce 27 septembre à midi ses yeux se sont fermés pour toujours. C'était, cette année-là, le jour de Yom-Kippour. Maman était bien entourée. Papa était très digne, Max sanglotait bruyamment, Maurice semblait triste, cependant important dans son uniforme de F.F.I. Il n'avait rien suivi de la maladie, rien connu de la détresse. Papa prenait en mains la directive des formalités. Enfin Zette discrète restait dans la cuisine, fumait cigarettes sur cigarettes.

L'enterrement eut lieu le 29 septembre. Beaucoup de monde, beaucoup de pleurs. Tout le Comité, des gens de la préfecture, des amis de mon Père, de vrais résistants, les Parents, tantes, oncles etc... Je m'étais retirée à l'écart, je voulais être seule avec ma peine, mais c'était impossible.

Depuis bientôt soixante ans, son visage est devenu un peu flou dans les détails mais cette pensée que j'ai lue quelque part, je me la dis quelquefois "tant que quelqu'un pense à toi, tu ne meurs jamais". C'est vrai.

Après l'enterrement, Zette m'a emmenée chez elle. Je me suis couchée et j'ai dormi pendant quarante-huit heures sans me réveiller. Zette, mon amie que je n'ai jamais oubliée, ma grande sœur qui me comprenait m'a dorlotée, a essayé de me consoler, m'a obligée à "revivre" normalement. Nous ne sommes pas tout de suite retournés rue Octave Mirbeau. L'hiver 44-45 a été très froid. Il a gelé beaucoup, longtemps. Toujours les restrictions, pas de chauffage mais l'atmosphère était totalement différente. Le marché noir continuait plus ouvertement.

Nous sommes retournés rue Octave Mirbeau au début du printemps. C'était bientôt vraiment la fin de la guerre : Mai 1945 la capitulation allemande. Encore un défilé sur les Champs Elysées ! Enfin quelque temps après, c'est le retour des prisonniers de guerre, des déportés. L'hôtel LUTETIA qui aurait été l'un des fiefs des allemands devint le lieu d'accueil des déportés. Les familles s'y pressent, espèrent… Mais que de larmes.

J'arrête ici ; la vie va suivre son cours, mais j'aurais trop de cahiers à écrire…

Printed by Amazon Italia Logistica S.r.l.
Torrazza Piemonte (TO), Italy

67939193R00059